# 團體
# 心理治療
## Group psychotherapy

蔣欣欣 著

# 推薦序

　　精神醫學界專業人員與精神疾病患者接觸的機會較多，也較直接。其中，護理同仁更是經常與病患相處，並以所謂廣義的心理治療在進行。另一方面，不但個別的相處，也要考量團隊中的處遇，此時拜讀蔣欣欣教授的「團體心理治療」版本，其實質的價值值得敬佩。

　　本人比蔣教授早30年大學畢業，在畢業七年後以哈佛大學醫學院研究員的身份留美進修，並與團體治療結緣。與本人所學的精神動態派的團體治療相對照，蔣教授以Foulkes精神分析學派的方向做主，並與老莊思想連結；而本人較以孔子的中庸趨向相連，並於1993年在台北主辦的第三屆環太平洋地區國際團體心理治療學會會議PRRC, IAGP（Pacific Rim Regional Congress, International Association of Group Psychotherapy）的大會主題Interdependence and Moderation in Group Therapy的會議中強調Bales的互動過程分析（Interaction Process Analysis），兩者相對照，各有獨特的理念。

　　值得提起的是，於1994年12月中華團體心理治療學會（CAGP–Chinese Association of Group Psychotherapy）成立以後，蔣教授逐漸參與各種活動，並於第三屆及第四屆期間被推選為理事，第五屆當選理事長，第六、七屆擔任常務理事，並於第四屆、第六、七屆擔任會刊編輯組召集人等要職，表示其行政能力的卓

越。再進一步提起IAGP理事會的參與，我國自1992年由本人開始參加後，接續由吳就君教授（1998—2003）、張達人院長（2003—2009）參加，近期則由蔣欣欣教授擔任理事乙職（2009到現在），也表示其活躍於國際舞台的參與。

雖然本人生涯中的130篇論文著作中有33篇（約四分之一）屬於團體治療領域，但仍無法寫出一冊書來，覺得遺憾。

想起1996年2月於美國舊金山的AGPA（American Group Psychotherapy Association）年會中，張達人、張宏俊兩位醫師及本人與蔣教授相遇時，讓我產生的「欣欣向榮」的詩想也是另一個回憶。盼望本書能夠作為團體治療的教科書。最後祝福蔣教授心身健康，為會刊的編輯方面繼續努力，也達到萬事如意的境界。

陳珠璋　記
2013年8月26日

# 自序

　　我們生活在團體之中，無論是家庭、學校、工作，都是自然形成的團體。自然形成的團體，有時帶給我們喜悅，有時也給我們傷痛。這些喜悅與傷痛，刻畫在我們的生命裡。

　　團體心理治療，是希望將這些喜悅與傷痛，誘發為成長的動力。治療性的團體，讓患者走出困苦的生活世界；成長性的團體，使人走出挫折，修己以安人；學習性團體，使學生學會認識自己，進而有能力關懷他人。

　　本人進入團體心理治療領域的探尋是源自大學時代，經驗到小組實習討論會，激發同學們的學習動力，使快樂學習延伸到寢室裡的對話；畢業後，最初熟習的是自身成長的會心團體，接著是住院病人的團體、學生的學習團體以及護理人員的成長團體，從所經歷的每個團體，都可發現團體帶給人不同的收穫。

　　關於會心團體的學習，是來自1977年大學剛畢業時，接受救國團義務張老師為期一年的訓練課程，親身體驗自己在團體的感受與成長；當時，希望把這種感受帶給病人，開始由護理人員的角色，參加住院病人團體的讀書會與工作討論會，思考適合住院精神科病人的團體治療方式；一段時間後，出現態度的轉向，由護理學系教師的角色，開始思考將團體治療的技能，應用於教學活動。

　　最初接觸團體分析，是透過閱讀團體分析機構出版的刊物

《Group Analysis》，非常喜歡其中的論點。1994年有機會到英國Durham參加護理教育的國際會議，特別赴倫敦拜訪團體分析機構，向Malcolm Pines請教團體裡的鏡照現象，收穫良多，並獲贈《Reflection in mirroring》的論文抽印本。

團體分析之尊重與聆聽的態度，特別合適運用於護理人員與病人之間的互動，其重視個體的自主、自發與創意，引導由內在發覺自己的生命力，與老莊哲學有異曲同工之妙。這個貼近中國思想，且利於促進療癒的團體心理治療，是值得介紹給大家。

1996年在美國舊金山大學的短期進修結束之前，參加正好在舊金山舉辦的美國團體心理治療的年度大會，當時陳珠璋教授、張達人醫師、張宏俊醫師，也都由台灣來舊金山參加此會議。會議期間，本人參與「禪與團體」的工作坊，體驗到沒有任何事物牽絆的自由與平靜，解除自己近鄉情怯的憂慮，開啓自身對各種形式團體治療的興趣與探索。數十年來，不斷地鑽研團體與我的關係，理出團體與人的關聯。

幾年前，曾考慮整理一下自己的學習與經驗，但工作繁忙就將這個想法擱置起來。最近逢五南王副總編的邀請，認真地思考完成這件工作。開始彙整發表於各期刊雜誌的文章，同時整理閱讀相關的文獻，構成本書的三大篇：〈理論篇〉，介紹團體心理治療的理論概念；〈技術篇〉，分享實用技術；〈實務篇〉，提出不同場域中的團體案例運作。本書主要參考人際互動與團體分析的觀點，將其理念應用於治療性團體、教育成長團體、專業人員經驗性團體，以及團體治療的相關研究。藉著本書的拋磚引玉，誘發更多相關理論之實踐。

本書的誕生，首先感謝陳珠璋教授在台灣致力於團體心理治

療的研究發展，余玉眉教授在質性研究法的教導，並且引導我們閱讀Paul Schielder以及Kurt Lewin的著作，了解生病的身體及團體與人的關係。外子喻永生醫師提供的臨床兒童觀察與太極拳心得的啓發，陪同參加國際團體治療的研討活動，以及一路走來許多相伴好友的共學。在出版的過程中，首先感謝五南出版社編輯群的全力支持，黃瑜琛、林孟琪協助文稿彙集與整理，以及《中華團體心理治療》、《應用心理研究》、《護理雜誌》、《醫學教育》等雜誌，慨然允許轉載或再次引用刪改。

# 目錄

# Part 1

## 理論篇

# 第一章 團體治療簡介

學習目標

　　1.了解團體心理治療的基本概念。

　　2.認識團體心理治療的歷史發展。

　　3.了解成為團體帶領者的學習與訓練。

　　4.指出團體心理治療的實務應用。


摘　要

　　本章將介紹有關團體的基本概念、歷史發展、相關理論、
實務應用。

　　我們都生活在團體中，卻常常沒有注意到團體與自身的關聯。團體心理治療，是藉著一個能促進成長的團體情境，幫助我們對生活與生命產生新的態度與啟示。

## 一、團體治療的基本概念

　　人生某些問題，時常是無法靠獨自思考解決，在團體中，可以藉由學習不同的觀點，嘗試以不同的方式，發揮個人的創造力，找到新的生活態度或眼光。團體治療是基於團體溝通互動，引發個體的主動及創意，共同處理個人內在及人際相處的議題，維持身心平衡，獲得健康的生活與生命感。

　　團體，是指由眾人組成。多少人才構成一個團體呢？中國話「三人成眾」，三個人互動的交流就不同於兩個人的對話，兩個人是一對一，三個人是一對二，人際交流相對多樣化，產生多元、多層面的對話，這種多角度的對話將有助於個人視野的開展。這種視野的開展充分顯示在「三人行，必有我師焉。擇其善者而從之，其不善者而改之。」（《論語》〈述而篇〉）這句話。在團體中，每個人都是照現自身的一面鏡子，觀察到各種形式的言談舉止，見到欣賞的，就努力學習效法，遇到不喜歡的，就反省自己，引以為戒。

　　具有治療性功能的團體，每個人不必壓抑自己的感受想法，擺脫只能聽不能說「有耳無舌」的束縛；能透過自在的表達，產生新的情緒經驗，調整人際間相處的行為。團體可以讓人成長，是基於團體內在的兩種文化：「孕育的文化」（culture of embeddedness）與「探詢的文化」（culture of enquiry）（Pines, 1996）。「孕育的

文化」，可以讓成員之間建立親密的關係，這樣的關係可以孕育、培養出自己的某些能力。「探詢的文化」，能夠讓成員可以自在的提問，以清楚了解到自己的處境，也明白別人是怎樣的立場，是一個相互尊重的平等對話，不是上對下要求，也不是下對上的依賴。在平等的關係，彼此共同的成長。

　　一些學者提出不同的方式形容這種治療性的團體，包括團體是一個護持性環境（holding environment）、承載事物的容器（container）、社會的縮影、人性的實驗室，或是花園（garden or vineyard）。透過這些對團體的不同描述，讓我們知道，團體像是母親一樣，呵護著我們，包容我們的言行舉止，我們在團體中表達出生活中的困擾，也在其中嘗試不同新的面對生活方式，像不同的植物在花園裡欣欣向榮的成長著，我們在團體裡茁壯成長、儲備能量，以面對現實的人生。

## 二、團體心理治療的歷史發展

　　自有人類歷史以來，就有關於社會文化影響人際關係的記載，但是將其應用於治療上，卻是這個世紀才開始的。1909年有位社會學家Cooley，開始提出個人所接觸的原始團體（Primary Group），是人性發展的溫床，後來（Spitz, 1984）觀察一些社會機構中成長的孩子，發現雖然在生理上的需要都得到滿足，但缺乏與其他人交往的社交經驗，日後這些孩子不只是智力發展較慢，而且對其他人較沒有反應也沒有興趣（Sampson & Marthas, 1981）。因此，團體在個人的成長過程中是扮演著不容忽視的角色。

　　團體心理治療是歐美國家發展的一種心理治療技術，在文獻的

記載中，最早是1895年法國社會心理學家Gustav LeBon觀察到，人在群體中，會接受團體意識（group mind）的控制而迷失個人的責任心。造成此改變的因素有三：一是在團體中，覺得自己是團體一份子，不再孤單，能力好像也受到團體的加持；其次是在團體中好像被催眠一樣受到同儕的感染；最終爲容易接受團體的建議。1920年英國William McDougall出版《Group Mind》一書，也提出類似的想法，並最先提出團體可以使人更好的觀點。

最早使用團體的方式來治療病人的先驅，是一位美國胸腔科醫師Joseph Pratt，當時（西元1906年），一般人在對待肺結核的病人，就如同對待精神病人一樣地遠離他們，結核病人除了身體疾病，還有情緒上的困擾，Pratt醫師就開始以團體的方式，與肺結核病人們討論病情，發現效果不錯，以此奠定了日後團體治療的基礎。

後來漸漸地一些精神科醫師也開始採用團體治療的方式，1921年，佛洛依德發表一篇有關團體理論的文章——〈團體心理學與自我的分析〉（Group Psychology and the Analysis of the Ego），當時未提到團體的分析，後來另一位心理分析學家Trigant Burrow第一次使用「團體分析」（group analysis）的名詞，但是後來將此改爲phyloanalysis。至1931年Moreno開始介紹「團體心理治療」（group psychoanalysis）這是團體心理治療的早期發展。1930年代後半期有幾位教育家、心理分析學者如S. R. Slavson、Louis Wender、Paul Schilder等把心理分析的概念應用於小團體之中。1939年社會心理學家Kurt Lewin開始提出「團體動力」（group dynamics）的觀點，1945年在麻省理工學院成立團體動力研究中心，在1946年的一次參加者都是商界及地方領袖，主要討論有關實施公平就業法案的小組

會議上，Lewin等人負責觀察會議進行的情形，並在晚上做出觀察結果的報告及解釋，後來吸引了工作小組的興趣，也參與討論並且提出了不同的意見，過程非常激烈。Lewin觀察出現場的團體動力關係，形成訓練團體（training group，T-group）的構想。在1947年Lewin去世後不久，第一個訓練團體或稱會心團體（encounter group）、敏覺團體（sensitivity group）成立了，它們關注的是團體及組織的關係，運用一系列的語言和非語言的活動，以便在很短的時間中造成強烈的人際互動。 此時期，在芝加哥大學的Carl Rogers也採用小團體方式，訓練他的主修輔導研究生，其後他也應用這種團體的經驗，來幫助正常人加強人際溝通的技巧，以及對團體動力學的了解。 Lewin的團體是以個人與工作輔導爲主，Rogers的團體是以情緒成長輔導爲主（Rutan, Stone, & Shay, 2007）。

　　團體心理治療的另一重大改變，發生在第二次世界大戰以後，許多人因戰爭而產生精神上的創傷及問題，但當時精神科醫師的人數，不足以應付人數激增的精神疾病患者，因此英國、美國都開始大力推展團體心理治療，英國Bion與Rickman在Northfield給精神官能症的軍人，開始了沒有領導者（leaderless）的團體治療形式。1940年Foulkes也加入這個團隊，後來發展出團體分析的理論（E. Foulkes, 1990; S. H. Foulkes, 1984）。此外，Kreeger也提出，精神科的護士，應該在其專業訓練中，具備有關團體的經驗與知識（Kreeger, 1974）。

　　台灣早期的團體輔導或諮商治療，主要在大學院校的心理學或社會工作相關科系發展。醫療照顧的團體心理治療在台灣普及發展，主要是由陳珠璋教授致力推動。陳教授於1954年至1956 年於美國麻州Waltham的Metropolitan State Hospital接受訓練，在一個精

神科的亞急性病房帶領病人團體，回到台灣後，開始在慢性病房帶領病人團體，此外，將團體治療的方式推廣到中小學校、家庭及社區（陳珠璋， 2012）；之後，在1988年4月21日成立「團體心理治療研討小組」依附於「中華民國精神醫學會」，1994年成立「中華團體心理治療學會」，會員包括醫師、護理人員、心理師、社工師、職能治療師等，逐漸開始出現跨領域的合作模式，學會出版雜誌，辦理繼續教育課程。中華團體心理治療學會，於2008年設置團體督導員（group supervisor）審查制度，2010年設置團體治療師（group therapist）審查制度，通過審查者，由學會發給證書，以保持服務品質。

中國大陸團體心理輔導也是起步較其團體心理治療為早，目前的代表人物是清華大學的樊富珉教授。團體心理治療訓練課程是2006年於上海開始，由徐勇醫師負責策劃，2008年起精神分析性心理治療的三年培訓課程，加入精神動力學團體治療的內容，至2012年已有200位學員完成精神動力學團體治療的課程（徐勇，2013）。

## 三、團體治療師的養成與繼續教育

### ㈠ 團體治療師的養成

#### 1. 增強自我覺察及與個案互動的能力

團體治療涉及對個體及團體互動的體認，體認是身體運作的功夫，需要敏銳的自我覺察能力。由自身了解人所存在不得已的處境，經過由人觀己、以己度人，鍛鍊自己，才能超越自身、包容他人，進而引導團體的進展（蔣欣欣、陳美碧、蔡欣玲，2003）。

　　雖然團體治療是以群體爲對象，但團體是由不同的成員組成，帶領者具備良好與個別病人互動能力，才容易在團體中引導個案互動。與個案互動能力，來自個人的修練，包括在知識層次與實踐層次。知識層次，是對人性、身體、情緒、社會等方面的學習；實踐層次，是培養知行合一的生活態度，這需要時常省察的習慣，像是行動研究或質性研究的過程，不斷的由互動經驗中，問自己，什麼是病人的主觀世界，特別是照顧精神科病人時，視爲一個「人」，而非「病」人。不只是由藥物、症狀、診斷等進行知識層次的理解，而能注意到其活生生的主觀經驗，以更寬廣深入的角度去了解病人。

### 2. 擔任團體的觀察員

　　團體的觀察員，是完全觀察者的角色，在團體治療進行過程中，觀察員是保持沉默，但是內心忙碌於觀摩團體帶領者的引導方式、觀察團體成員的表達方式、覺察自身被激起的經驗或疑問、團體議題流動的脈絡等。觀察員以局外人的立場，能夠客觀地看待團體的進展，可以有各種天馬行空的想像與臆測，因此擔任觀察員的角色是很好的學習機會。同時，逐字記錄討論的內容，不僅提供事後省察討論的資料，也是培養靜聽的能力。記錄的內容包括，時間、地點、主持人、共同主持人、成員（代號）、位置圖、互動過程，及重點摘記等等。

### 3. 經歷實地團體

　　實際參加「成長團體」或是「經驗性團體」，體會到團體運作的動力，助於培養團體運作的實踐智（practical wisdom）。經過觀察員與擔任團體成員的經驗，了解團體的過程、成員的心境後，

才適合帶領團體。在最初帶領團體時，最好是由擔任協同帶領者
開始，先與另一位資深的團體帶領者共同帶領團體運作，一段時間
之後，再由自己當帶領者，資深者擔任協同帶領者。每次團體結束
後，留些時間討論團體過程與內容，這些會後的討論，可以幫助彼
此清楚團體的處境與彼此應對的方式，相互學習。會後討論結束
後，自己做筆記，記下最深刻的幾個互動的片段，成為自己繼續反
思改進的素材。如果沒有會後討論的機會，自己的反思筆記將會是
鍛鍊自己很好的工具。如果時間充裕，會前討論，可以幫助學習
者，依照當次的團體特性做好心理準備。

## (二) 團體心理治療師的繼續教育

團體心理治療是精神衛生醫療照護領域非常重要的一環，特別
在生物醫療為主流的當代，依舊有一群精神心理衛生的專業人員致
力於團體心理治療的發展，更是難能可貴。關於團體治療的教育訓
練，早年除了某些學校的課程之外，相關的繼續教育非常有限，直
至1994年「中華團體心理治療學會」成立，開始出現跨領域的合作
模式，當前的教育訓練課程也是促進各個心理衛生專業領域交流的
平台，提升團體心理治療的服務品質。

### 1. 團體帶領者的訓練

過去台灣精神衛生護理學會，鑑於護理人員在臨床照顧病人的
需要，於1992年在衛生署補助之下，提供精神衛生護理人員團體治
療的訓練課程，包括授課與實務訓練。此團體治療實務訓練班分為
北區與南區同時進行，北區包括台中以北及花蓮，參與人數較多，
有21位學員及8位指導老師參加；南區參與人數較少，7～8位學員
及3位指導老師參加。訓練課程包括理論與實務兩部分，理論部分

集中上課與分組讀書會，實務部分有個別討論與臨床指導。半年後舉行成果報告，1994年出版《團體治療實務訓練班研究報告集》。當時的訓練課程，僅提供護理人員。目前團體治療師的教育訓練，中華團體心理治療學會提供三階段的繼續教育訓練課程，分別是：第一階段團體心理治療的知識理論，第二階段團體心理治療的實際體驗，以及第三階段團體心理治療的督導活動。除了繼續教育，服務品質管制也是相當重要，陳俊鶯醫師負責推動團體治療師與督導認證制度，以維護及提升團體治療師服務品質。

團體治療師的教育訓練已經邁上軌道，教育課程內容也是不斷改進更新。成為一位團體治療師，除了了解團體的相關概念、親身體驗作為團體成員的感受，帶領團體，是進入另一種學習的階段，不斷由工作中提升自己。團體的督導制度，就是協助團體治療師由做中學，發展其實踐智。

## 2. 團體督導者的訓練

關於督導團體運作方式，中華團體心理治療學會採用三種不同形式：(1)督導零時差，最初由張宏俊醫師策劃，每年12月的心理衛生聯合年會的活動，邀請兩位團體督導師，現場觀察團體過程，團體成員是由現場與會者自由加入，之後，督導者提供兩位團體治療師意見（或引導反思），最後由所有與會者進行大團體討論。(2)採用標準病人的督導團體，由周立修醫師策劃，現場督導所觀察的團體成員是受過訓練的病人，這種方式適合學習帶領精神疾病患者組成的團體；(3)雙人共同督導（co-teachers）的團體模式進行，1992年的護理人員團體訓練課程曾經採用，在共同督導的模式中，除了督導員與學員之間的互動，督導員之間的互動，也促進督

導活動的進展（Chiang, Tseng, & Lu, 1997）。文獻提到耶魯大學醫學院採用兩人共同督導的經驗，由6位學員組成的督導團體督導，出現團體間的平行現象（parallel process），幫助成員經歷督導團體（training or preceptorial group）過程（Edelson, 1999），由此省察自身處於團體的經驗，認清自己所帶領團體中的現象。但是文中也提到兩人之間督導理念的不同，兩人與受訓成員之間，也不斷地謀和，找尋合適的督導方式，最初是由討論成員提出詳細的團體過程紀錄，之後，改為選取一段紀錄來討論，最後，由成員自行提出議題進行討論。

### 3. 國際會議的教育訓練

國際間有許多機構組織在培養團體治療師，透過國際團體心理治療年會，就能得到許多經驗性訓練團體課程資訊，包括美國團體心理治療學會（American Group Psychotherapy Association, AGPA）、國際團體心理治療學會（International Association for Group Psychotherapy and Group Processes, IAGP）、泛太平洋地區的團體心理治療組織（Pacific Rim Regional Congress for Group Psychotherapy, PRRC）等。其中美國團體心理治療學會，每年2月輪流在各地舉辦為期一週的年會，就提供許多團體心理治療的訓練課程，有各種形式的小團體、大團體、座談、演講等，由於內容多樣化，參與此會議者，需要在報名時先選好自己參加的團體，臨時現場報名者，通常很難能夠參加經驗訓練的小團體。國際團體心理治療學會，每三年會在不同國家舉行年會，此為期7天的年會，也一樣有許多不同形式的大小團體，都帶來很多的學習機會。團體治療的理論，也可應用於行政管理與會議組織（張達人、蔣欣欣、湯

華盛、徐鴻傑，2009）。

## 四、團體治療的應用

　　團體治療或團體諮商，可應用於臨床服務、教育、組織運作等，以下將介紹幾個經驗。包括：癌症病人的團體、精神疾病患者的團體、學生實習的團體、課室教學的團體、訓練臨床專業人員的團體、異國的團體治療經驗。

### ㈠ 癌症病人的團體

　　癌症病人因為得到疾病，經歷著身體與心靈的煎熬，需要透過訴說找到自己的出路，但卻時常無處訴說。到醫院接受放射治療的癌症病人，各自孤單來去，沒有機會與醫護人員談心；住院癌症病人，各自承受身體的苦以及心理的煎熬。病人住院期間，主要接受身體照顧，基於臨床人力的限制，以及過於專業分工，病人時常缺乏整體的照顧。當醫師忙於處理病人的各項藥物治療，護理人員了解病人的身體狀況、家庭結構與功能，又跟病人密切的接觸，非常適合擔任病人團體治療的帶領者，提供病人心靈照顧。組成病人團體，可以諮詢不同領域的專業人員，以協同治療的方式與同事共同合作帶領，由於病人身體狀況，團體進行的時間與人數需要考量，團體舉行的時間，盡量配合病人門診或治療時間，以減少其來去的奔波。

### ㈡ 精神疾病患者的團體

　　住院的精神疾病病人的團體治療方式，會因著病人及治療環境的特性，而與一般團體治療不同。急性病房住院病人的住院及身體情況的變化時間短暫，無法實施長期的團體治療，因此急性病人

團體是以進行一次做考量（Jahnke, 2002），帶領者需要注意到支持性的態度（見第十一章），承擔與護持著病人的經驗。病房中的生活討論會、自尊重建團體、懷舊團體等都提供病人溫暖關懷的情境，讓病人重新檢視自己的生活與生命經驗。慢性病房的精神科病人，需要學習進入社會，求職技巧的團體、不同形式的家庭團體等，都提供病人或家屬一面鏡子，在照鏡子過程中，並不需要別人的建議，而有調整自己的機會。

### ㈢ 學生實習的團體

在臨床護理教育領域中，由於護理學系的小組教學特性，每位老師帶領6～8位學生到臨床各單位實習，基於這樣的師生人數比例，和實習情境的特性，是一個進行成長性團體的環境，例如，在精神科實習時，不僅面臨病人的情緒行為，還要處理照顧病人時，自己內在被勾起的擾動，這些因實習環境而產生的複雜情緒，需要在適當的學習情境給予處理，其中臨床個案實習討論會的團體，就是值得經營的成長團體。

學生實習的團體注重此時此刻（here and now），團體進行方式可以依教學目的有不同的變化：(1)以學生為主的方式，以學生成為員討論實習上的問題。(2)以病人為主的方式，由病房個案為團體成員，學生擔任協同帶領者或觀察員，教師為帶領者；或由教員與臨床工作的同事輪流擔任帶領者及協同帶領者，學生為觀察員等方式。(3)統合式團體，第一階段是以學生照顧的個案為主組成的病人團體，由教師及負責教學護理員共同帶領，學生擔任觀察員，第二階段以學生為主體，也由教員及負責教學護理員共同帶領，依據第一階段的團體互動內容進行討論。一種結合觀看與被觀

看的團體模式，Yalom稱之爲「魚缸式會談」。

## ㈣ 課室教學的團體

　　團體分析的角度來看，團體具有孕育與探詢的兩種文化。孕育的文化，是團體成員之間培養相互連結的情誼；探詢的文化，使成員們不僅可以去正視並傾聽別人，以及他們自己，更進一步去考慮甚至接受別人的觀點；團體提供及維護一個追尋意義的時間與空間（Pines, 1996）；「護理專業問題研討」的課程研究，發現在十八次的上課時間內撥出四次小組討論，可以促成學生的成長，「在豐富的園地裡，經由自我觀照，發生自我的轉化」，在過程裡，師長的態度是「生而不有」、「用心若鏡」、「欣賞的批評」（蔣欣欣、馬桐齡，1994）。另外，在「護理學導論」課程中的小組討論，發現學生成爲省思型的學習者，其個人學習歷程由最初的「驚嘆」，之後「身陷其中」，最後發展出「體知」（蔣欣欣、許樹珍、曾雯琦、余玉眉，2011）。

　　精神衛生護理課程的問題導向教學（problem-based learning）。以學習者爲中心的小組教學，取代以教師爲中心的課堂講授，激發學生主動學習的能力。課程設計上，就減少課堂上教師的講述，授課方式改爲提供臨床案例，在一位教師帶領下，引導學生分組討論，透過討論讓學生習得臨床治療與照顧的相關知識與技能。結果學生習得學習的方法、體驗知識的形成、學會思考提問、整理個人生命經驗、建立夥伴關係（蔣欣欣，2002）。

## ㈤ 讀夢的團體

　　讀夢團體的重點是夢的賞讀，不是夢的解析。夢的賞讀是藉由團體互動，能夠對夢境產生多面向的理解，重視夢境與當下生活的

關係：不去分析個人早年生活經驗的意義與影響，因此，是以「欣賞」夢取代「解析」夢。在團體中，經由彼此對夢境內容的賞讀與分享，達到一種生活的共融（communion），提供個人靈性成長的場域。

入夢時，沒有外界太多訊息干擾，可以仔細真誠地面對自己的內在。清醒時害怕面對的形象，正是夢中最令人忽視的情緒。夢境是真誠的自我在尋覓真實（our dreams are truth seeker），清醒時，我們於人生的舞台上，理性的扮演著自己的角色；夢境中，真誠的自我衡量著自己與他人互動的和諧，而不僅是個人的自主性，因此「夢是靈魂中的神話（啟示）和生命的藝術品。」

讀夢團體進行的四個階段：

## 1. 夢的呈現

是由一位自願者說出自己最近的夢。主要是先徵求說夢人，團體邀請一位願意提供自己夢境的人，決定人選之後，先請夢的主人敘述自己的夢，此時，團體其他成員隨即記下其敘述的內容。當說夢者講述完畢之後，團體成員可以開始對自己不清楚的地方提出詢問，以澄清夢境的內容，此時團體成員對於夢境的內容、發生地點、人物或是其中的顏色等都可以詢問說夢人。以便於進入下一階段的將自己放入這個夢境中。

## 2. 夢的感覺與隱喻

此時團體成員進入夢境，將自己化身為此夢境的主人，說出在這個夢中的感覺，接著體會這個夢的隱喻（metaphor）。這個階段，說夢人成為團體的旁觀者，記錄團體成員們的感覺與其描述的隱喻。當然，也是用心凝聽團員對自己的夢境所激盪出的各種訊

息。

### 3. 夢的回應

　　這部分包括說夢人的回響、重聽自己的夢，以及團體的交鳴。當說夢人聽完大家進入自己夢中所產生的經驗與感受之後，說出自己相同或不同的感受與經驗，或是引發自己對夢境與生活經驗的聯想。接著，進入團體對話的階段，團體成員詢問他作夢那晚之前的作息活動內容，澄清夢與現實的關係；之後，讓說夢者再次經驗夢境的內容（playback of dream），此時，說夢人再一次進入自己的夢境之中，由一位團體成員徐徐的重述說夢人剛才的敘述（成員最初都記下夢境的內容），在緩慢的敘述中幫助說夢人重新經歷自己的夢，重新思考夢境帶給自己生活的啟示。之後，再由聽夢人說出自己對於夢的回應，產生成員們的交鳴投射（orchestrating projection）。

### 4. 夢的分享

　　團體成員與說夢者分享此次參與讀夢的經驗。如果這是一個持續進行的團體，就會提醒說夢者下次團體之初，分享自己於團體之後，回到自己實際生活的經驗。

### ㈥ 運作組織的團體

　　團體治療的概念，也可用於促進機構或組織的運作，依據實際的需要，可以有很多變化。例如，國際團體心理治療學會的理事會議，除了一般的議題討論之外，還有各種小團體活動，包括反思團體、團體組織演劇、理事角色定位討論、團體成員身體活動與靜坐等，推動會務的發展（蔣欣欣，2011）。

　　或是以繪畫的方式，引導團體對圖畫意義的討論，促進自身對

組織角色的覺察。圖畫的討論是以三個問題作引導，這三個問題分別是：「你看到什麼？」（What do you see?）、「感覺到什麼？」（What do you feel?）、「你將會採取什麼行動？」（What impulse to act?）（見附錄一）。筆者參與此團體，對自身的處境產生新的啓示，之後，也曾將此應用於從事教學或臨床工作的護理人員的團體，幫助其了解自身及工作情境，找尋自己的出路。

## 結語

以團體的方式進行心理治療，是基於人類社會的需要，以及個人心理發展的特性而逐漸形成的。以少數的治療者，面對多數的成員，促進身心健康。經過長時間的發展，產生不同的團體治療理論（詳見第二章），幫助團體帶領者依據實際狀況的需要，採取合適的進路。在實務工作中，團體心理治療可應用在臨床服務、教育、組織運作等方面。

團體協助自我的成長，自我也能促成團體的發展。學習成爲團體帶領者，除了了解不同觀點的團體治療理論之外，要了解人的處境及身心相關的理論，更重要的是實際參與團體治療的經驗，在團體中先學習作爲成員的感受，了解自身身體感官與情緒；成爲團體觀察員，了解他人的感受與情緒；當自身裝備較成熟時，需要放下不同學派的意識形態，由不同的治療取向提取有效的治療方法，依不同現場的需要，採用多元的方式。保持對團體的好奇，經由持續的努力，發展全體的創造力。

## 自我評量

1. 描述一個生活或學習的經驗，指出其中的團體概念。
2. 指出成為團體帶領者的準備工作。

## 參考文獻

徐勇（2013）·團體心理治療在中國大陸的發展·*中華團體心理治療，19*（3）（接受刊登）。

張達人、蔣欣欣、湯華盛、徐鴻傑（2009）·第十七屆羅馬國際團體心理治療大會心得·*中華團體心理治療，15*（4），7-14。

陳珠璋（2012）·團體處遇與我·*中華團體心理治療，18*（4），2-4。

蔣欣欣、馬桐齡（1994）·生命成長之展現·*護理研究，2*（4），339-348。

蔣欣欣（2002）·形構人本小組教學的學習要素·*醫學教育，6*（4），415-424。

蔣欣欣（2011）·應當與能夠之間——參與2011國際團體心理治療理事會議後記·*中華團體心理治療，17*（1），1-8。

蔣欣欣、許樹珍、曾雯琦、余玉眉（2011）·透過團體對話進行護理關懷的反思學習·*醫學教育，15*（1），10-20。

蔣欣欣、陳美碧、蔡欣玲（2003）·建構照顧情境中專業自我——自身與他者之間·*本土心理學研究，19*，201-226。

Chiang, Hsien-Hsien, Tseng, W. C., & Lu, Z. Y. (1997) The mirror phenomena in clinical group supervision for psychiatric nurses. *Proceedings of the National Science Council Part C: Humanities and Social Sciences, ROC(C), 7*(3), 363-370.

Foulkes, Elizabeth (Ed.) (1990) *The leader in the group*. London: Karnac.

Foulkes, S. H. (1984) *Therapeutic group analysis*. London: Maresfield Reprints.

Jahnke, Roger. (2002) *The Healing Promise of Qi: Creating Extraordinary Wellness Through Qigong and Tai Chi.* New York, NY: McGraw-Hill.

Kreeger, L.C., & deMare, P.B. (1974) *Introduction to Group Treatments in Psychiatry.* London: Butter Worth & Co. Ltd.

Pines, M. (1996) Self as group: Group as self. *Group Analysis, 29*, 183-190.

Rutan, J. Scott, Stone, Walter N., & Shay, Joseph J. (2007) *Psychodynamic group psychotherapy. (4th ed*) New York: Guilford Press.

Sampson, E. E., & Marthas, M. S. (1981). *Group process for the health professions*. New York, NY: Wiley.

Spitz, H. I. (1984). Contemporary Trends in Group Psychotherapy: A Literature Survey. *Hospital & Community Psychiatry, 35*(2), 132-142.

# 第二章　團體理論

學習目標

　　1.認識工作團體與基本假設團體的意義。

　　2.了解團體中主體（前景）與背景間的關係。

　　3.指出團體治療性因素。

　　4.明白團體帶領者的中定。

　　5.認識團體治療中真誠、關懷、同感的作用。


摘　要

　　本文介紹治療性團體的相關理論及團體的運作。團體治療理論，源自精神分析與心理學的相關理論，本章主要介紹四種觀點，分別是視團體為整體（Tavistock團體、團體分析）、人際理論、系統理論、人本心理學。團體運作時需要考量的元素，包括個案的邀請、團體結構、內容及過程的構成。

　　團體治療理論的功能是引導實務工作的運作，團體治療理論的產生，是來自實際的生活世界。本章第一部分介紹四種的團體治療理論，都是一些學者依據前人奠定的基礎，結合個人豐厚的實務經驗，而留給我們的精華。文中說明各個理論的緣起及其特點，以提供實際運作的參考。本章第二部分，介紹團體治療實際的運作要素。

# 一、團體治療相關理論

## ㈠ 視團體為整體（group-as-a-whole）

　　這派理論源自精神分析的理論架構，但不是以精神分析的理論分析團體中的個人，而是視團體為整體的方式進行分析，主要代表人物是英國精神分析師 Wilfred R. Bion（1897～1979）以及S. H. Foulkes（1898～1976）。

### 1. Tavistock團體

　　Bion是Tavistock團體的重要代表人物，出生於印度，在英國受教育，最初學歷史，後來進入英國倫敦大學醫學院。之後，有七年的時間在Tavistock Clinic接受精神分析的訓練，二次大戰期間，擔任中尉醫官，進入北場（Northfield）軍醫院，以Melanie Klein的客體關係理論，開始推動小團體的治療方式。認為每個人當下的行為，受到其過去經驗及對未來期許的影響，因此團體中的互動，必然面臨人際間的橫向關係，與縱向關係，需要做整體性的考量。後來，Foulkes也參與北場軍醫院的工作。

　　第二次世界大戰後，Bion在英國負責Tavistock機構，主要是帶領專業人員訓練團體，其團體的主要目的是：(1)讓人認識早年與

權威者的問題。(2)透過了解人的處境，由歷史情節中解放。(3)讓人進入更滿意的同儕關係。基於這些理念，著重於處理個體與權威者的關係，溯及早年跟父親或母親的關係。透過團體的談話，紓解過去與母親的緊張關係，或與父親的衝突，進而改善現今生活與權威者之間的關係，這就是將團體視爲融合過去、現在、未來的一個整體（group-as-a-whole）的觀點（Bion, 1980；James, 1984）。

　　Bion認爲每個團體實際上具有兩個部分的團體，一個是表現出來的工作團體（work group），另一個是深層的基本假設團體（basic assumption group）。前者是完成團體的任務，任務是認識疾病或生活調適，或是自我覺察；後者是影響運作而隱晦不明的團體假設。基本假設團體則出現三種現象：依賴（dependency）、爭論或逃避（fight-flight），以及親密或配對（pairing）三種情緒行爲（Shaffeer & Galinsky, 1974/1992），是潛藏於工作任務之中的團體現象。依賴，表現出對某人或某事特別依賴。通常是成員對帶領者的情緒投射，以爲帶領者是萬能的，可以給予保護及安全感，雖然這是不切實際的幻想，但是也可以滿足個人的願望。爭論或逃避，爭論是表現敵意或衝突，爲了取得安全感，不惜與人發生衝突，或是避免衝突而離去或逃避話題。親密，是團體中找個同伴，尋求支持，設想一個未出現的人能夠解救彼此。

## 2. 團體分析（group analysis）

　　團體分析是英國精神科醫師S. H. Foulkes所創，他在1920年代於維也納接受精神分析的訓練，1948年開始撰寫團體分析的文章，他引用完形（Gestalt）心理學關於主體或前景（figure）與背景（background）的論點，指出如果個人的心理困擾是前景的話，團

體就是烘托的背景。帶領團體時，需要具有全般性的觀看，因此團
體中出現的問題，必然有其相對應的背景。團體帶領者，表面上是
靜默地坐在團體裡，不怎麼說話，當成員七嘴八舌，他就偶爾冒出
一、兩句。其內在的注意力遊走於個人與團體之間，由當前日常生
活的關係，延伸到家庭、親人、內在客體、身體層次，甚至深層與
母親關係的層次（詳見第三章）。

團體分析的話題是透過自由聯想（free floating discussion）討
論中出現，話題自然的交織流動中，產生鏡照（mirror reaction）與
共鳴（resonance）的現象，促成自我覺察與成長。鏡照是個人層面
的，由別人身上觀察到自己的某部分；共鳴是團體主題層面，同一
個主題，卻會引發成員不同層次的覺察。

關於共鳴的現象，以前筆者帶病人團體時，讓實習學生當觀察
員。之後跟學生討論時，學生提到，觀察病人在團體的表達，就好
像在看自己。由病人描述跟母親之間的關係、與朋友之間的關係，
映照到自己跟媽媽的關係、跟同學的關係。共鳴，幫助自己去回顧
某一段生命經驗。

團體帶領者的主要任務是注意到現場成員溝通的層次，並且加
深與增廣團體的溝通。這不只是幫助參與團體的成員，帶領者也能
由其中產生啓發。團體分析學派認爲帶領者與成員是同儕關係，不
是具有高位的領導者。基於團體帶領者與成員彼此的平等關係，可
以共同進入學習的場域。

團體分析學派起源於英國倫敦，目前主要訓練機構也在倫敦，
一些歐洲國家設有分支機構，每年在歐洲各地舉辦爲期一週的年
會。同時，也發展出治療性社區（therapeutic community）的治療
模式，營造一個使成員能夠有歸屬感、自我負責與社交學習的團

體。將所有成員視爲一個整體（呂元惟、鍾明勳，2012），引導自主管理與成長。

## (二) 人際理論（interpersonal theories）

團體心理治療的人際理論是 Irvin D. Yalom所提出，Yalom受到人際學習理論（interpersonal learning）的影響，認爲大部分人的困擾都發生在人際關係，團體是社會的縮影（social microcosm），可以反映出個案在實際生活中的問題。發生在過去生活裡的，會反映在這個團體之中的人我關係。處理現在的關係，會改善團體外的關係，所以重視團體情境中的此時此地（here and now）。團體能夠創造於此時此地檢視人際行爲的氣氛，提供正確的情緒經驗，處理源自無法發展與維持滿意人際關係的絕望，勇於面對人類存在的「既定事實」，與社會系統產生連結。Yalom將團體對個人的幫助歸納成11項治療性因素（therapeutic factors），其中人際學習的部分細分成兩項，包括內注性人際學習（interpersonal learning-input）、外現性人際學習（interpersonal learning-output），並將這些因素設計成量表，每項因素包含5個題目，共計60題。由這些題目，可以了解各項治療性因素的意義。（Yalom, 1995）（見表2-1）。

表2-1　Yalom團體心理治療的治療性因素

---

1.利他性（altruism）：
　(1)幫助別人使我更看重自己。
　(2)我優先考慮別人的需求。

2.寄予希望（instillation and maintenance of hope）：
　(1)看到別人好轉，使我得到鼓舞。
　(2)知道別人已解決了和我類似的問題。

3.自我了解（self-understanding）：
　(1)懂得我之所以喜歡或不喜歡一個人，幾乎與此人無關，而是與過
　　去我和別人之間的困擾經驗有關。
　(2)懂得我這麼想和這麼感覺的理由（亦即懂得自己問題的原因和由
　　來）。

4.團體親和性（group cohesiveness）：
　(1)我屬於一群了解並接納我的人。
　(2)我持續和別人密切接觸。

5.宣洩（catharsis）：
　(1)可以傾吐我的心事。
　(2)我可以對另一成員表達負面或正面的感受。

6.輔導（guidance）：
　(1)治療師建議或勸告我去做某些事情。
　(2)團體成員建議或勸告我去做某些事情。

7.認同（identification）：
　(1)試著像團體中比我適應好的人。
　(2)看到別人能表露尷尬的事和願意冒險而從中獲益，這幫我去做同
　　樣的事。

8.內注性人際學習（interpersonal learning-input）：
　(1)團體讓我學習到我在別人心目中的印象。
　(2)懂得我是如何與別人交往。
　外現性人際學習（interpersonal learning-output）：
　(1)我改善與別人相處的技巧。
　(2)我覺得更能信賴團體成員和別人。

9.重整家庭經驗（the corrective recapitulation of the primary family group）：
　(1)在團體中，就某方面來說，好像重新體驗和了解我所成長的家庭
　　生活。
　(2)在團體中多少幫我了解過去與父母、兄弟姊妹或其他重要人物之
　　間陳舊的困擾。

（續下頁）

（續上頁）

10.存在因素（existential factors）：
　　(1)認識到人生有時是不公平與不公正的。
　　(2)認識到終究是無法逃避某些人生的痛苦與死亡。

11.普及性（universality）：
　　(1)懂得我並不是唯一有這種問題的人，就像所謂的「風雨同舟」。
　　(2)看到我的情況和別人一樣的好。

資料來源：摘譯自Yalom, I. D. (1995).

　　團體帶領者，要營造一個安全且有親和性的團體氣氛，讓人可以自在地觀看、自由地敘說，而不會感受到威脅。例如：當某成員提到太多家裡的私事時，或是傾吐被傷害的經驗，帶領者若覺得當時的團體的氣氛不適合過於個人隱私的討論時，可能要稍微提醒一下，「你是不是願意繼續談，還是你要等一下？」因為有時候團體的氣氛，會讓人毫無防禦地一直說，此時帶領者要看看，個案是否已經準備好了，甚至可以說：「如果你不想講可以不要講。」讓成員感受到被保護的安全感。

　　Yalom是位喜歡寫作的美國精神科醫師，曾出版過團體治療的教科書，以及以團體治療為背景的小說與散文，其中《生命的禮物》這本書（Yalom, 2001/2002），是他70歲的時候所寫，書中真誠地分享作為治療者，跟病人接觸的個人經驗，提醒我們，放下意識形態，以多元且適合的方式帶領，不必拘泥於某種理論。

### ㈢ 系統理論（general systems theory）

　　此形式的團體心理治療創始人Yvonne M. Agazarian（1931～），是美國的教育心理學家，她的思想受W. R. Bion、John Bowlby、Ludwig von Bertalanffy等人的影響，於美國賓州設立了Systems-Centered Training Institute。在系統理論的影響下，團體

運作時，注意個人內在、人際、團體整體各系統之間的相互關聯。觀察系統本身與外界互動的變化，由改變中找到穩定和諧，但成長不是停留在既有的穩定，而是不斷的流動，向上提升。成長必須要保持開放性，遇到困難，難免會封閉保護自己，成長是在開放與封閉之間取得平衡。團體帶領者，就是處於開放與封閉之間，擔任界線的調節者與觀察者（boundary regulator and boundary observer）。團體溝通時，如何溝通（how）比溝通的內容（what）重要，引導成員去探索（explore）自己的經驗，不是去解釋或說明（explain）經驗（圖2-1）（Agazarian, 2004）。

筆者出席2006年美國AGPA年度會議，參與她主持的會前工作坊（兩天），當時她已經80多歲，剛動完手術，但是帶團體的時候都精神奕奕，中間穿插一些解釋。當時，約14人的團體中，她對團體中憤怒（anger）的處理，讓人印象深刻。通常在談話的時候，對不同意的觀點，總是表示禮貌性的態度，所以常用「yes…, but…（是的……，但是……）」的句型，如「你說得有道理，但是……。」在團體最初的進行規則說明時，她就清楚指出，團體中禁止以「是的……，但是……」的句型說話。所以，當團體進行時，成員用此句型講話時，Agazarian隨即打斷，其中一個成員被Agazarian打斷好幾次，就非常生氣說：「妳爲什麼那麼專斷，打斷我講的話。」其他成員，也受不了Agazarian的態度，團體中開始有兩三個人開始批評Agazarian的作法。這些成員，都是有經驗的團體治療師，Agazarian面對這樣的挑戰，卻依然笑臉迎人，不動怒。筆者當時覺得很奇怪，怎麼可以修養得這麼好。後來，她解釋自己對憤怒的看法。她認爲一個人對別人發出的憤怒，只是表相，深層的其實是她個人內在的困擾、無力感。理解憤怒情

緒機轉，就不受到團體表相的影響，不會在意責罵的內容（溝通
內容），而是能保持中定（centering），注意表達的方式（溝通方
式）（圖2-1）。

| | Past<br>過去 | Present<br>現在 | Future<br>未來 |
|---|---|---|---|
| 解釋<br>（Explain/outside） | ⟶ | | ⟵ |
| 探索<br>（Explore/inside） | ⟵ | 中定（Centering） | ⟶ |

圖2-1　系統中心團體（systems-centered group）（Agazarian , 2006）

資料來源：2006年AGPA工作坊之講解圖示

　　Agazarian提到中定的概念，來自太極拳，但她書中對此沒有
太多的解釋。武禹襄著《太極拳解》寫到：「身雖動，心貴靜，
氣須斂，神宜舒。」描述與人互動時，身體接受外在訊息，但內心
維持穩定的中定。「內固精神，外示安逸。須要從人，不要由己。
從人則活，由己則滯。彼不動，己不動，彼微動，己先動。以己依
人，務要知己，乃能隨轉隨接。以己黏人，必須知人，乃能不後不
先。」指出互動時是聽對方的動作而反應，不是依自己的主張，
在聽的過程中，重要的是知己。自己能夠「心靜、身靈、氣斂、
勁整、神聚」，才能「四兩撥千金」，輕鬆地面對外在的擾動。
Agazarian帶團體的時候，受到很多人攻擊，一般的治療者可能會
覺得權威受到挑戰，而心浮氣躁；她卻始終保持中定，像個不倒

翁，也許會搖一下、擺一下，但不會倒。中定，是知己知彼，能覺
察自己的情緒，對憤怒情緒的了悟，才能以己依人。

## ㈣ 人本心理學（humanistic psychology）

　　主要源自美國，受到心理學及超個人心理學的影響。Carl
Rogers是人本導向團體的重要人物，大學最初是讀農學系，後來對
傳道有興趣，進入神學院，神學院就學期間，覺得被灌輸一堆觀
念，卻沒有解決心中的疑惑，因此與一些同學向學校申請一個有學
分沒有教師的研討課程，學校也批准並指派年輕教師參與，這位老
師只有在學生要求發表意見時，才能說話，否則他只坐在那兒不參
與討論，這門課讓他對自己的哲學思想邁開很大一步。後來進入兒
童輔導研究所，畢業後輔導不良環境下長大的兒童，關注社會與教
育對人成長的影響（Rogers, 1961/1990）。

　　他認為，自己若要對人有助益，最好能維持著「讓我如我所
是」的態度，了解並接納自己能承受與容忍的極限。當治療者愈能
接納自己就愈能寬容、尊重病人，也較不會去控制病人。

　　其基本假設是認為：面臨一個受困擾的人，是無法用智性手段
或訓練方法幫助他，而是要靠關係中的體驗，才能讓他發生變化。
也就是提供某種型態的關係，讓他在此關係中發現自己的能力，並
運用此關係成長。這種關係是真誠（genuine）、關懷（regard）、
同感（empathy）。真誠中含有一種意願，自身內在真的願意；關
懷是喜歡對方，無條件的接納與尊重；同感是有一顆敏銳的心，一
股想要去了解的欲望，能以他的立場看待他的世界。在這個關係
中，人對自己的知覺發生改變，變成更像自己希望成為的人，也更
能接納別人，視別人與自己相似。這個真正的自我，是在自身的體

驗中找到的，不是由外物強加於其上的（Rogers, 1961/1990）。

　　Rogers由人本的觀點進行療癒的思想不斷演進。早期團體稱爲「非指導性治療」（non-directive therapy）進行，後來發現團體帶領者並不是不給指導，而是依成員的需要來反應，就改稱爲以個案爲中心的「當事人中心療法」（client-center therapy）。其晚年發現，在治療關係裡，帶領者與成員之間的關係是相互涉入的互爲主體關係，因此改而稱之爲「以人爲中心的治療」（person-center therapy），注意到帶領者自身的內觀。由他思想演進的脈絡，可以幫助我們了解團體治療的歷程中，涉及對個案的尊重以及自身的覺察。由小團體帶來的成長經驗，使他更想推廣到社區，群眾生活中，因此，將人本中心的方式應用於136人的大團體，參與觀察一個沒有主持人的團體中，由我行我素、各說各話到相互接納學習的過程，同時，他也注意到自己在過程中的矛盾、掙扎及最後的信心（翁開誠，2004；Rogers, 1977/1992；Rogers, 1969）。

## 結語

　　團體心理治療理論提供團體治療運作的方向，認識團體治療理論是進行團體治療之前需要完成的基本工夫之一。本章介紹四種理論，分別是視團體爲整體（Tavistock團體、團體分析）、人際理論、系統理論、人本心理學。另有關於以團體中的個人爲分析對象的精神動力團體，因爲偏向於處理個人議題的精神分析，不屬本章介紹範圍。

　　實際進行團體治療時，雖要懂得理論，卻又要放下理論的枷鎖，依著現場團體的變化，採取合宜的行動；同時，又需要在不斷的工作中，鍛鍊自己，形成智慧。團體治療是實務工作，無法只由

知識性的了解，就擁有實際帶領團體的技術，帶領團體的能力是需要親身體驗的培養，就像學習游泳，如果了解游泳的知識與技巧，而沒有下水練習，是永遠學不會的。因此，除了認識基本團體理論，要由多方面培養自身，最初可以由觀察、協助推動或參與團體開始。觀察參與團體運作時，可以由團體結構、團體內容、團體過程三個面向認識一個團體的進展（第十一章）。

## 自我評量

1. 說出自己喜歡的團體概念，以及喜歡的理由。

## 參考文獻

呂元惟、鍾明勳（2012）·團體分析理論的實務運用──英國人格違常者的治療性社區·*中華團體心理治療*，*18*（3），3-10。

翁開誠（2004）·當 Carl Rogers 遇上了王陽明：心學對人文心理與治療知行合一的啓發·*應用心理研究*，23，157-200。

Agazarian, Yvonne. (2004). *Systems-Centered Therapy for Groups*. London: Karnac.

Bion, W. R. (1980). Group Dynamics: A Re-View. In S. Scheidlinger (Ed.), *Psychoanalytic group dynamics: basic readings* (pp.77-107). New York, NY: International Universities Press.

Foulkes, S. H. (1984). *Therapeutic group analysis*. London: Maresfield Reprints.

Foulkes, S. H . (1991). *Introduction to Group Analytic Psychotherapy*. London: Maresfield.

James, C. (1984). Bion's "containing" and Winnicott's "holding" in the context of the group matrix. *International Journal of Group Psychotherapy*, 34, 201-213.

Rogers, C. R. (1992)·群眾是可怕的（翁開誠譯）·於吳武典編，*如何進行團體諮商*（209-220 頁）·台北：張老師。（原文寫於 1977）

Rogers, C. R. (1990)·*成爲一個人：一個治療者對心理治療的觀點*

（宋文里譯）‧台北：張老師。（原著出版於 1961）

Rogers, C. R. (1969). *Freedom to learn*. Columbus, Ohio: Merrill.

Shaffer, J. B. P., & Galinsky, D. (1987)‧*團體治療與敏感度訓練：歷史、概念與方法*（夏林清、麥麗蓉譯）‧台北：張老師。（原著出版於 1974）

Yalom, I. D. (1995). *The theory and practice of group psychotherapy*. New York: Basic Books.

Yalom, Irvin D. (2002)‧*生命的禮物：給心理治療師的 85 則備忘錄*（易之新譯）‧台北：心靈工坊。（原著出版於 2001）

# 第三章　團體分析之理論與應用

## 學習目標

1.認識團體分析之產生背景。

2.指出團體分析訓練的特色。

3.說明團體分析重要概念。

4.了解團體分析與精神分析之異同。

## 摘　要

　　本文旨在介紹產生於英國的團體分析之沿革與發展，內容包括開創者 Foulkes 的思想背景、團體分析的訓練與進行特色、精神分析與團體分析的異同、案例介紹，以及團體分析的研究發展。

## 關鍵詞

　　團體心理治療、團體分析

## 一、思想背景

團體分析意指一種團體治療的方式，是由精神醫學家Foulkes（1898～1976）所倡導的。他認為心理分析（psychoanalysis）提供很好的訓練方法（method of training），但不是最好的心理治療方式，而團體分析則是更勝於心理分析的心理治療方式，同時也是研究心理治療理論的最好方法。這個方法萌芽於英國，擴展及歐洲大陸、北美及南美洲。同時，目前在「倫敦團體分析機構」（London Institute of Group Analysis），已有給予學分的團體分析訓練課程，可以授予學位。也定期舉辦工作坊，將團體分析的觀點用於臨床服務、教育、行政管理等。

Foulkes出生於德國，在第一次世界大戰後於法蘭克福完成醫學課程，之後他對佛洛依德的作品很有興趣，1928年於維也納跟隨Helene Deutsch接受精神分析學派的訓練，1930年加入法蘭克福心理分析組織，同時開始執業。在此之前，他涉獵心理學領域，對神經學家Goldstein的腦部神經網路的觀點特別感到興趣，甚至將此運用到說明團體中的溝通網脈，認為團體中的個體如同神經網路的神經節，幫助其團體理論的發展，並學習到不同的教學方法，除此之外，他同時也參與完形心理學的課程，其個體與基底（matrix）之間關係論點，也反應出完形理論中的前景（foreground）與背景（background）（Hinshelwood, 1999）。之後，因納粹興起，於1933年舉家遷往日內瓦，再赴英國定居。由於戰爭的影響，有許多病人需要治療，1939年在Exeter的一家精神科診所擔任心理治療師，開始團體分析的治療工作，此時他知道Paul Schilder與Louis Wender兩位精神分析師在美國以團體的方式治療病人，他參考兩

位精神分析師的著作，開始發展團體分析理論與方法。1942年受聘
到英國伯明罕附近北場的軍中神經官能症與精神醫學訓練中心，
擔任精神分析醫師，大概在1943～1945年間，爲住院官兵實施團
體治療（Foulkes, 1990）。1952年創立「團體分析學會」（Group-
Analytic Society），致力於團體有關的教學演講活動，此學會自
1967年出版團體分析雜誌，爲了更落實於團體分析的訓練與推行，
在1971年創辦「倫敦團體分析機構」。

　　除了接受醫學與精神分析理論的背景訓練，Foulkes也受到
當時戰爭對社會衝擊的影響，產生對社會現象、社會心理學的興
趣，以及與社會心理學領域好友的長期對話，都是促成其理論的發
展。其中在1938他對社會心理學家Elias的重要著作《文明的過程》
（*The Civilizing Process*）發表書評，當時他正開始從事團體分析，
驚訝於社會學的觀點對小團體的助益，以至於後來的團體分析學
者，特別探討Elias的觀點與團體分析，並且於團體分析雜誌中闢出
專欄討論。

## 二、Foulkes訓練團體分析的特色

　　Foulkes在英國北場的精神醫學訓練中心，開始了團體分析的
訓練工作。最初是爲了改善臨床醫師們從事團體治療的品質，並且
建立研究團體治療的文化，進行每週一次的研討會，爲期一年。參
與學員有15～16位，主要爲在精神科病房進行團體治療的精神科醫
師，共留下21次的詳細紀錄。過程中發現有些參與者對其治療的方
式不以爲然，但後來這些人的治療方式中，多少受到他的影響。

　　團體分析治療，是大約5～8個學員與帶領者坐在圍成一
圈的椅子上，每次75～90分鐘，每週一次，團體可以是開放性

或是封閉性的，帶領者被視爲是團體成員，像是樂團的指揮（conductor），不是一個領導者（leader）。態度上傾向於非指導性（nondirective），注意團體脈絡的進展，不是直接回答提問。

　　在引導學員討論時，Foulkes不對個人意見做反應，而是將其引領到與帶團體有關的困難上，所以當團體中有學員要求他提供建議時，他通常是引導團體共同處理這個要求。他指導團體分析的學員的方式是：

　　1.讓學員認識到他們自己的情感，因爲這會影響其團體的風格。

　　2.處理團體的特殊議題，如負向的情緒、成員的選擇、可能的後果等。

　　3.讓接受訓練的學員，分別參與其他學員的團體（Hinshelwood, 1999）。

## 三、團體分析的重要概念

### ㈠團體基底（group matrix）

　　基底是我們成長的場所，是出發進入世界的根據地，是母親所在的地方。團體像母親一樣，呵護著我們，使我們勇於去探索世界。團體基底是所有關係與溝通的根據地。在基底的這個網路中，人就像是網路中的一個節點，與周遭進行連結，人處於團體基底之中，也像是神經網路中的神經節，是神經系統中的單元，但也應合著大系統作反應（Foulkes, 1984）。我們在場所之中，於主體（figure）與背景（ground）的位置間流動著，在主體與背景的脈絡關係之中，自己有時是觀看者，有時是被觀看者（自己觀看自身），不同立場的相互交織著，使自己能產生全方位的觀看。團體

帶領者的觀看，如同攝影師的取景，以最有利的角度獵取影像，以便引導真實的影像忠誠地呈現。

　　團體的成員是相互依存的，團體中語言與非語言的表達都是表象，真正深層的意涵在團體互動中流動者。能夠不僅限於由個人的心理層面觀看，而能由團體中，以更寬廣的角度，了解整體的真相。

### ㈡ **自由聯想討論式自由談**（free-floating discussion）

　　由於Foulkes早期受精神分析學派的訓練，因此團體中引用精神分析的自由聯想，他稱這種團體中的對話為「自由聯想討論」，如果團體中僅是模仿個別精神分析的自由聯想，可能每個成員都同時自說自話，團體是不能運作的。在團體分析中的自由談，是讓團體成員自發地表達，並且認為每個自發地表達必然是團體整體的一部分。認為在團體分析的情境中，個人感到的困境是前景，機構（institutional）的部分是背景，而團體討論是纏繞著前景與背景的自由聯想。

　　自由聯想討論的方式是：

　　1.成員彼此面對面，沒有既定流程的團體。

　　2.沒有預定的團體討論主題，是以團員當時所想要談的議題為主，讓團體自然進展。

　　3.團體成員可以自由自在的表達自己當時所想說的，並且知道注意其他成員所說的。

　　雖然這種沒有設定主題的自由談，有時讓想要有具體方向的成員感到不安。但是當帶領者能愈不介入，團體成員就愈能主動參與。

## (三) 鏡照 （mirror reaction）

鏡照是團體產生作用的重要因素。意指經由團體成員之間的互動，個人可以從別人身上發現從未被自己注意到的，或過去一直被潛抑那部分的自我，也可能由他人對自己的反應發現自己新的部分（詳見第八章）。在團體裡，如果我們能夠靜下來，就可以從別人身上，觀看到其所映照出部分的自己。有時，很討厭團體中的某個人，其實是討厭某部分的我自己；我討厭那個人的原因是，他的行動彰顯出我不願意看到的那部分的自己。

## (四) 溝通層次

團體中分享與了解的溝通過程，可以使人與社會有良好的整合關係。由於團體的多面向，經過不同面向的溝通，可以產生不同作用（表3-1）。以當前層面（current level）溝通的團體呈現在社區、社會或公眾意見，團體帶領者常被視為權威或領導者；轉移層面（transfer level）溝通的團體如自己的原生家庭，團體帶領者被視為父親或母親，其他成員如同手足；投射層面（projective level）溝通的團體，反應出個體的內在客體關係；身體層次（body level），溝通的團體，成員間映照或顯現個人的身體意象（body image）；原始層次（primordial level）溝通的主要是引用佛洛依德的概念與榮格（Jung）的集體潛意識（collective unconsciousness），團體被視為母親（E. Foulkes, 1990）。

表3-1　團體分析的溝通層次（Foulkes, 1990）

| 溝通層次（levels of communication） | 個人層面 | 團體層面 |
|---|---|---|
| 1　當前層次（current level） | 經驗與團體外的人際關係 | 社區、社會、公眾意見、論壇 |
| 2　轉移層次（transfer level） | 轉移反應（transference reactions）強迫性重複（repetition compulsion） | 原生家庭當前家庭與親密網絡 |
| 3　投射層次（project level, mirror phenomenon） | 原始幻想（primitive phantasies）客體關係（object relation）基底中分享的內在心境（intra psychic shared in matrix） | 內在客體部分客體（part object） |
| 4　身體層次（body level） | 身體狀況 | 身體意象（body-image） |
| 5　原始層次（primordial level, Jung' collective unconscious） | 普世象徵（universal symbols） | 原初印象（archaic image, e.g. mother） |

譯自 Foulkes, Elizabeth. (1990).

## 三、精神分析與團體分析的異同

　　團體分析的理念是基於精神分析的觀點，繼續發展成適合於團體的治療方式，精神分析與團體分析兩者之間存在一些相同與相異之處（Foulkes, 1984），兩者治療目標都是在根底的改變而不只是解除表面的症狀。重視潛意識、防禦機轉、自我、本我、超我等概念，同時帶領者的態度是接納性且較為被動的。兩者不同之處在於精神分析帶領者與病人間的關係，不像團體分析帶領者與病人間的關係那麼平等，因為在團體分析中，帶領者與病人坐成一個圓圈，

沒有病人與帶領者地位的差別。另外，精神分析治療較注重個人退
化性的情感轉移關係，注意過去生活經驗，將治療過程中產生的事
轉譯至現實生活，與實際的社會情境距離較遠；團體分析，較注重
社會心理病態理論，重視團體當時發生的互動，且認爲團體是進入
社會情境的中途之家。團體分析的帶領者處理情感轉移的現象，引
導團體成員情緒的流動，呈現彼此共有的過往經驗，使成員無法過
於退回到自己的過去。在精神分析中，關注兩個人的關係，就容易
退回到自己的過去。團體分析成員互動時，彼此交流，較能產生超
越過去習慣的行爲模式（見表3-2）。

表3-2　團體分析與精神分析之異同

| | 精神分析 | 團體分析 |
|---|---|---|
| 相同之處 | | |
| 目標 | 修正基本立場<br>不是解除身體症狀 | |
| 概念 | 潛意識、本我、自我、超我 | |
| 治療者 | 轉移的對象：被動的、接納<br>的；不給建議、不給太多規則 | |
| 相異之處 | | |
| 方法技術 | 退化的轉移<br>不同於社會處境<br>以個人爲基礎的詮釋 | 當下（此時此地）<br>回返社會的中途站<br>以團體爲基礎的詮釋 |
| 治療機轉 | 個別的轉移 | 鏡照<br>由分享、了解得到釋然；<br>由較好的溝通邁向更佳的<br>社會適應與心理健康。 |
| | 治療室的現象轉譯至生活 | 團體貼近生活 |
| 理論 | 著重個人的困擾<br>重視過去生活經驗<br>夢的解析 | 社會心理病理<br>團體呈現生活史<br>身體意象 |

資料來源：Foulkes, S. H. (1984). pp. 93-100.

## 四、案例說明

### ㈠ 團體背景

　　某醫學院中心之急性病房精神科住院病人治療性團體，為每週一次的中午飯後團體聚會，共進行10次，每次的團體時間為50分鐘，為5～7人的小團體。團體帶領者是具有團體治療經驗的護理人員。團體是以自由談的方式進行，成員可以自由自在的表達自己當時所想說的。

### ㈡ 團體內容

　　針對10次團體互動內容分析，發現在治療團體的脈絡下，團體的話題經由最初的控訴、投身於他者，最後產生了悟與期許的自我超越（圖3-1）。

### 1.控訴

　　大部分可以參加團體的病友了解自己所處情況及疾病發生的原因。在團體進行的初期，個案們自覺其身體、心理與社會地位，失去完整性，處於弱勢的一方，而對自身受到的對待提出各種控訴，包括對醫院治療環境、社會環境的不滿。

　　第一次治療團體中，陳先生提到：「我們這些病患受到歧視，又受到醫療第二度傷害的話，我們受不了⋯⋯。」「精神病患沒有辦法工作，第一個，他的體力、耐性退化，第二個，他的人際關係也退化。」對於這種認為自己是有問題的說法，團員中的劉小姐提出不同的意見：「他們都把我們當瘋子，你知道嗎？很像就是脾氣很壞很壞，會亂打人、亂脫衣服褲子！」她還提到：「為什麼人際關係不好？就是外面的人排斥我們，我們這種人啦！」

## 2. 投身於他者

治療團體進行中，精神科病人經常透過在團體中對他人提問，或是對事件的反應，透露出在意別人對自己的看法或自己的憂慮。

第三次團體中，李先生對於王小姐被強暴後，對異性產生的憤怒而感到擔心，過程中不斷詢問，當王小姐不想談，他仍想繼續：「她心理的問題還沒有解決，她將來要不要結婚？到底能不能結婚？」後來，他才提到出自己也一直擔心自己想結婚的問題，他不斷的提問，其實是投射出他自身的處境。

王小姐出院後再回到病房團體中，對團員們提出疑問：「請問一下其他病友，出社會之後，會不會跟人家說自己是精神病患？」有病識感的病友會擔心其他人會以有色眼光歧視自己，王小姐將自己對社會接受度感到的不安，以提問的方式表達，試圖藉由參考團員們的應對方式，為自己的處境找尋出路。

## 3. 自我超越——了悟與期許

從治療團體中可以觀察到，當個案開始看見自己問題所在，就有機會改變原有的弱勢狀態，創造出活下去的方式和理由。

在第四次團體中，陳先生對於察覺自己面臨各種難題的處境，提出他的看法：「人生難免就是會有這些痛苦和煩惱，我們面對困難、面對生病的時候，難免都會比較悲觀，因為畢竟是有問題嘛！如果今天我並不是一個精神病患，我不會想到這些困難，或許我根本就沒有這個煩惱，但我今天是一個精神病患，我就會去思考這些痛苦與煩惱。但我又想到，如果精神病患輕微的話，比起那些智障的，眼睛瞎的，耳朵聾的，那些人生活更慘，每天就是傻傻呆呆，每天都這樣，一天過一天，好像過得很悲觀、沒什麼希望的樣子。

那些人不是更慘嗎？那他們怎麼辦？他們還不是要活下去，更何況是我們得到比較輕微的精神病。」

第七次團體中，有多次住院經驗，罹患精神分裂症的王小姐提到：「我相信思想信仰的力量，我有我的思想，我有我的信仰，我有我的力量，我相信我一定有力量。」她還表示：「我反而會祝福傷害我的人，我罵完他後氣消了，我會反省，開始反省之後，我會覺得我不對，然後我會以宗教的力量去為他祈求平安，能夠多彩多姿的過他的一生。然後我心理才能得到一種解脫，不會再拘泥在那件事上。」她也以自己的經驗鼓勵其他病友：「起初我也不習慣，我也很擔心，可是就讓時間流逝，然後隨著疾病轉變變化，適應自己的情緒，然後適應外界的壓力，自己開導自己。比如說，問自己我應該怎麼跟那些人相處？我應該怎麼做才對？然後慢慢建立一套模式，加入團體，讓人際關係變好一點。」（蔣欣欣、陳美碧，2003）

團體母體中個人的自我成長

圖3-1　團體母體中個人的自我成長

### (三) 團體如同母親

團體中穩定關係的建立，促成團體中產生親密與信任感；以及人我間不同經驗的比較，造成對話的豐富性，是自我發展的溫床，形構出信任與親密的團體基底（group matrix），這種像母親般的基底對人的影響，可以由探索嬰兒發展與環境關係中，真實我與虛假我的觀念得到理解。當嬰兒受到好母親（good-enough mother）寬容、保護與愛，他會由自己的世界慢慢走出來，認識自己（真實我）與非自己的部分；反之，他就要形成另一種態度，隱藏自己的感受去對應外在的世界，造就了虛假我的生成（Winnicott, 1971）。根據此理論，我們預測，如果病人遭逢到安全的情境，他可以有機會走出自我封閉的立場，去區分真實與想像的世界。

此外，團體互動時，經由觀看他人再回頭檢討自己的立場，是治療性團體之鏡照功能（Foulkes, 1984; Kutter, 1993; Muller,1996; Pine, 1996），團員間是一種相互映照、互為主體的關係。人在與他人遭逢（encounter）中，經過語言與詮釋的活動，告訴自己在做什麼。小團體可以是一個容納各種不同生活經驗的實驗室（Verso, 1995），在團體中透過語言的引發性功能（evocative），經由說出引發某些事的發生，提供個案找到自己的歸屬。

團體提供成員控訴的機會。初期，個案提起不愉快的經驗時會強烈指責對方，之後才省察自己生氣的原由，逐漸能以容忍、原諒或反求諸己來面對問題，心情也逐漸平靜；其意義就如同王小姐的經驗「我罵完他後氣消了。」說出才容易化解。消解自身負擔，人才能注意到他者，再藉由投身於他者的投射認同，區分出我與你，開展反省的空間。「反省之後我會覺得我不對」；之後，會有超越的立場，跳出你與我，出現第三者（Kernberg, 1997），進而產生

了悟與期許。這個階段才進一步能夠原諒他人，甚至「爲他祈求平安」。此時的自我不僅限於接納自己，原諒與祝福更展現出了個案的自我超越，而這樣的經驗，也將有助提升個案日後解決問題的能力。

## 五、團體分析的研究發展

　　團體分析不僅用於臨床服務，同時也是一種教育方法，可以在一個自由民主的社區中培養出負責的人，因此，已被應用在高等教育、組織系統、學校。目前國內關於團體分析的文獻相當有限，應用的範圍僅在少數的臨床工作中，實際上可以應用於教學，培養學生思考、反省、合作、創造能力。

　　團體分析的立場是重視認識當事人的經驗世界，想像與眞實是很難區分的，時常存於內的，形之於外；存於外的，又形之於內，認識活動是一種前景與背景的關係，賦予我們認識對象是認識活動背後的基礎，這個基礎稱之爲基底，如同現象學家梅洛龐蒂的互爲主體（inter-subjectivity）與海德格的（Da-sein）。尤其近代思潮中強調對「他者」的尊重，這也正是團體分析的基本立場。

　　團體分析主張採用行動研究（action research）（S. H. Foulkes, 1991），強調即時省察所處的治療情境採取合宜的行動，治療活動本身就是個研究的過程。過程中需要有完整的紀錄，成爲日後反省研究的素材，同時，目的不只在完成研究，也是在提供適切的服務。療癒現代化社會對人性分裂的傷害，療癒的意思是讓人回到整體，我們只有讓自己參與於其中，才能體會到我們的世界，當我們置身事外，就是一種分離、分開。

　　團體分析雖然源於精神分析的理論，但是發生的治療情境複雜多變，需要由實際治療情境中衍生概念。團體分析不僅是有力的治療方法，同時也使來自實際現象的研究，很容易再回到實務面，是值得我們繼續努力的領域。

## 結語

　　醫療化的環境裡，病人常被化約成症狀，治療者陷於此情境中，成為治療活動的宰制者，就難於看到病人仍然擁有的能力。團體分析中治療者的角色是個催化者，醫師要兼具催化者與治療主宰者這兩種互斥的角色，確實不容易。護理人員，不具權威角色的優勢，且了解住院病人的生活處境，利於醫院中協助團體治療的推動與運作。

　　治療活動也是研究的過程，依著團體互動，由實踐中創造屬於自己以及屬於團體的知識。一種經由群體自我探索與反省，激勵人們產生意識的覺醒，達到自我了解的過程；基於治療活動，相互投入，讓自己參與其中，療癒現代化社會對人性分裂的傷害。

## 自我評量

1. 指出與團體分析發展相關的理論或概念。

2. 指出團體分析運作的方式。

3. 描述團體分析的特色。

4. 應用團體分析溝通層次說明自己的一個團體生活或家庭經驗。

## 參考文獻

蔣欣欣、陳美碧（2003）．由團體分析探究生病經驗．*中華團體心理治療*，9（2），2-12。

Foulkes, Elizabeth. (1990). Group dynamic processes and group analysis. *Selected papers of S . H . Foulkes: Psychoanalysis and group analysis* (pp.175-185). London: Karnac.

Foulkes, S. H. (1984). *Therapeutic group analysis*. London: Maresfield Reprints (pp. 93-100).

Foulkes, S. H. (1991). *Introduction to Group Analytic Psychotherapy*. London: Maresfield.

Hinshelwood, Robert D. (1999). How Foulkesian Was Bion? *Group Analysis, 32*(4), 469-488.

Kernbeg. O. F. (1997). The nature of interpretation: Intersubjectivity and the third position. *American Journal of the Psychoanalysis, 57*(4), 293-312.

Kutter, P. (1993). Direct and indirect mirror phenomena in group supervision. *Group Analysis, 26*, 177-181.

Muller, J. P., & Muller, J. P. (1996). *The ego and mirroring in the dyad*

*Beyond the Psychoanalytic Dyad* (pp. 119-133). New York: Routledge.

Verso, G. L. (1995). The individual and the transpersonal. *Group Analysis, 28*, 119-128.

Winnicott, D. W. (1971). *Playing and Reality*. New York: Routledge.

# 第四章　團體分析與老莊思想

**學習目標**

　　1.了解老莊思想與團體分析的關係。

　　2.了解身體知覺與團體治療的關係。

　　3.指出靜觀與團體的關聯。

　　4.認識團體分析中的無為。

**摘　要**

　　本章根據老莊及西方哲學思想的探究，指出帶領團體的三項重要元素，分別是：身體知覺、靜聽（觀）、無為。最後比較團體分析的帶領團體方法與老子的慈、儉、不敢為天下先。

　　團體分析主張帶領者像是團體成員一般，甚至是隱身的。一個成功的帶領，是讓團體成員認為得到成長是自己努力而來的，而不認為是帶領者的功勞。這種帶領的觀點，與老子的自然無為，莊子逍遙遊「至人無己、神人無功、聖人無名」的思想相近。如果中西方思想都指向一種帶領的觀點，希望透過對老莊及西方哲學思想的探究，更清楚帶領者隱身存在的真意以及個體如何參與隱身存在的帶領活動。

　　道家的老莊與儒家的孔孟都重視現實人生中的實踐工夫，儒家注重個體與他人的關係，直指人生某種道德的價值；老莊則是重視人與自然的關係，透過對道的理解，維持和諧的人生，形成虛靜的人生（徐復觀，1976；Liu, 1975）。西方心理學者受到老子思想的啟發，提到團體治療中「不去領導的領導者」（the leader who does not lead）（Anthony, 1991；赫德，1991）。Maslow 也指出每個人都有自我管理、自我抉擇的能力，主動強制的管理，是不如道家不干擾、不掌控的接納與受動；過於人為操弄的行為糾正方案，不僅無效，還可能有害（Maslow, 1971）。

　　帶領者以不干擾、不掌控的虛靜，產生更深更廣全方位的觀看。一種「洞察內部，通向自然之心，擴大自我以解放向無限。」洞察到心體是欲望的來源，需要洗清，使心清明，恢復自然的狀態（徐復觀，1976）。

　　團體過程中，團體帶領者靜觀自身、覺察當下感受及生活情境，往內心深處探詢其意義。由對自身之內的認知，可以達到對自身之外的物的認知（黃文宏譯注，2013）。靜觀，看似無為，實則是無不為。靜觀知覺活動的基底是身體經驗，如果沒有身體的存在，就不會有對世界的感知、對他人的理解，感知與理解是基於帶

領者的無爲，無爲的具體呈現就是團體分析帶領者的減少干預、自由聯想的討論、觸發式引導（Foukles, 1991）。爲了由老莊與團體分析深入了解帶領團體的要素（圖4-1），將以身體知覺、靜聽（觀）、無爲三個方面來陳述。

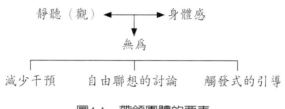

図4-1　帶領團體的要素

## 一、身體知覺

　　日常生活中，我們總以爲是思想支配著行動，忽略身體對生活或是生存經驗的意義。僅僅靠觀察、調查和資料去認識外在對象，常忽略內在感知，得到的知識僅是表象，不易深入理解眞相。此重視思想的觀點，應是受到傳統西方哲學影響，尤其是「我思故我在」的論點，認爲自己的存在感來自個人意識，忽略身體與存在的關係。實際上，唯有透過身體的知覺，才有助於貼近眞相。觀察剛出生的嬰兒，助於理解人與外界的互動是透過身體先於思想。當我們伸手輕觸嬰兒的小腿，他會出現與我們共舞的行動，藉著與我們的作動，嬰兒逐漸建立主體感。嬰兒對「這是我的腳」的認識，不是來自個人意識，而是其身體與外界的碰觸。法國哲學家梅洛龐蒂（Merleau-Ponty）認爲傳統西方哲學對身體的忽略，開始闡述身體的知覺現象，指出身體是知識的來源，身體意象（body image）是

表達身體與世界、自身與他人間的整體性結構。並指出透過身體的直接經驗，一種感覺經驗，建立身體與所在場域時空的聯繫，呈現主體間的相互溝通。

身體不僅是各種器官的組合，是活生生的，提供我們知覺感受的材料，統合內在與外在經驗產生的現象身體，延續深化與周遭的關係。身體的感知，是具雙重感覺（double sensation），一方面是觸及外在，另一方面觸及內在，是雙向的感官知覺活動，「我們的身體同時是觀看者與被觀看者」，一方面積極主動地面對世界，另一方面受動地與存在現實緊密相連。因雙重感覺的作用，而產生相應情感，情感的意象產生思想，思想藉著語言表達；同時，思想產生力量，對受某種習慣所導引的理智進行各種調整（圖4-1）。因此，理智是建立在各種感官基礎之上，身體的感覺，可類比於心靈的思維（Merleau-Ponty, 1945/2005；蔡錚雲，2004）。

身體作為知識的來源包括兩個層次，一是具有習慣性的身體（habit-body），事情在習慣中運作，讓人產生安全感，但也容易落入習以為常，而忽略其經驗的存在；唯有發生出乎意料之外的事，身體經驗才被注意。另一是當下感知的身體（body at this moment），透過身體對經驗的摸索，逐漸形成意義（M. Merleau-Ponty, 2002）。

身體與語言表達的關係（圖4-2），是透過經驗而生的身體思維。有時，身體沒有感受到，就說不出言語；有時，身體的感覺還沒有被弄清楚，也不知如何說出來；有時，身體依據過去習慣，發展出的語言，未必合乎當下的實況。說話者在說話當時，透過身體感與外界互動，隨時調整自己與外界的關係，產生說話內容與說話行為。話語時常在面對當事人的當下才出現（giving out the words in the face of the other）（Levinas, 1981）。因此，團體對話時，經由身體主體於空間的存在，不斷對周遭經驗進行融合，理智才能對所觀察的現象進行表達。不斷融合的團體對話，如同呼吸之間，氣的流動。由有形的軀體，跳躍至無形的生命體。在感官的基礎下，進行更深刻的探究，以虛靜地等待與容納，把握生命時間的向度，探詢生命的厚度。

　　身體意象對團體分析的意義，如同夢的解析對精神分析的重要性（Foulkes, 1991）。團體治療的現場，透過言語的交流，不能忽略身體的重要。身體是感覺的施動者，言語是觀念的施動者（Merleau-Ponty, 1979/2008），團體中的身體，引發對感覺的省察；團體中的言語，傳達省察身體經驗後的觀念。身體與語言兩者交織之下，促成團體成員的轉化。當身體經驗逐漸成熟，才能引發理智，以語言清楚有效的說明。當身體經驗處於模糊不清時，正是提供省察的素材，迎接生命厚度的開顯。經驗的厚度，不是來自正確的理解，而是承受經驗的錯誤，因錯誤產生的身體經驗是不容易遺忘的。身體不做價值判斷，只是不斷調整，由錯誤中找到真相（Merleau-Ponty, 1945/2005）。身體的活動不僅先於個人的覺察與感受，並且延伸到周遭生活的反省中。

　　身體感知 → 情感 → 思想（理智）→ 言語（力量）→ 調整習慣

**圖4-2　身體與言語的關係**

　　在團體互動中，當成員「聽錯」別人的言說，反而是一個進入真實經驗的線索。聽錯，是習慣化的身體在作用，身體對所有客觀

外在現象的解釋，受到既有經驗（pre-existed experience）的影響。聽錯，也就意味著當下的經驗是不同於既有習慣的經驗，如果留住當下彼此的差異，省察過往的經驗，正是一個可以增加生命厚度的機會。由身體對外界的共感，內在生命的觀照，產生「審己以度人」的工夫，嚴格地檢查自己，才能實事求是衡量別人或是團體中的互動。使得沒有意義的產生意義，使生存得以重新開始而具有超越性（Merleau-Ponty, 1945/2005）。這種比經驗的意識更深入一層的超越的意識，是虛、是靜的，虛靜之中，才能使身體感官得到開啓。

## 二、靜聽（觀）

靜聽（觀），是團體互動時，面對所認識的團體及自身心理世界的態度。在靜聽（觀）中，注意力由認識的對象推移到自覺的自我，由自我觀看自身，這種觀點的轉移，存在著無限的發展，有助於接觸到真實（黃文宏譯注，2013）。

團體互動，包括表層的與潛藏的（primitive mechanisms）兩方面，如果只注意當前表面的事物，做合理的觀察研究，容易忽略一閃即過的事情，失去超越言詞又超乎沉默的現象。因此，帶領者凝神專注的靜聽，除了傾聽表面的言詞或沉默，且聽出言外之意，依循個案自己的敘說或行為，引導深入的理解，並讓他陳述出來。這過程是自然發酵的，不需教導或控制。隨著個案的自由聯想脈絡或意識的流動，直到他內在發現什麼（Anthony, 1991）。

靜聽的方式，不是僅以雙耳對聲音的擷取，是以第三隻耳朵聽，聽出內在之聲。一方面捕捉沒有說出的話，另一方面轉向

自己的內在，一直向自己內心深處挖掘。不是由智性、理性求取答案，也不是透過聽講或讀書等理性思維，而是「問你的心何所知」（Reik, 1983/1991），是一種自我鍛鍊後的直覺認知（intuitive cognition）。直覺認知，不是依其本能，而是經過長期的專注（intensive concentration)與自我鍛鍊（self-discipline）而成（Liu, 1975）。行為與直觀相互創生的一種全體感悟力（黃文宏譯注，2013）。

　　莊子以「聽之以氣」的心齋，說明這種靜聽，「無聽之以耳，而聽之以心；無聽之以心，而聽之以氣。耳止於聽，心止於符。氣也者，虛而待物者也。」（〈人間世〉）不只是一般而言的以耳朵或是用心聽而已，因為耳朵只能聽當下呈顯的聲音，只在一種感覺知覺層次；心聽，是以自身原有的認知概念去理解，受限於自己預設的想法。聽之以氣，是自身進入更大、更深層的場所，以全體性的凝聽方式，如同氣的虛空得以容納萬物，沒有成見與是非利害的靜聽，自然能夠清明的觀照現象，產生最高層次的了解（陳鼓應，1999）。

　　聽之以氣，是人的精神活動，是聽覺、視覺、運動覺等知覺活動的同步運作。此時，聽覺和視覺，不是指耳目的聽和視，而是心靈的思考；不僅聽外在之音，還要注意聽自己的內在之聲。基於身體感的靜聽，是一種內外兼備的凝聽，因此是「以神遇而不以目視」，涉及直覺知覺，須設身處地，想像他自己是別的人物，這樣投入萬事萬物的結果，讓自己的精神與外在世界一起遨遊，會依次產生了解、同情、共鳴，而終於合一（余光中譯，2012b）。

　　在團體對話的時候，話語是彼此呼喚出來的，話語的現身，是受到某些背景事物的烘托。聽之以氣，就是除了注意表面，或

現場立即可以感知的部分，也要留意話語的背景脈絡。因此，當團體運作時，除了關注話語及成員的互動，也要深入自我的內部，由身體的線索，聽出團體的脈動。帶領者必須使自己的感覺更敏銳，以心靈的思考，注意到一些有價值的細節。透過自身情感產生自我覺察，明白自己存在的處境，必然會留意或理解團體成員的反應。聽，不只是由耳朵收集聲音產生的資訊，更是開啟身體的感受力，能夠「不見而名」（《老子》第四十七章），一種沒有觀察外界，卻可以明瞭的能力。

雖然靜聽需要身體各種感官的投入，但如果只是散漫地隨言語動作流動，容易使自身的注意力被分散。因此需要節制心神活動，採取必要的自我限定。有時，眼神是不隨著話語的聲音流動，而是「收視反聽」以集中精神（張勉之、張曉丹，2000；楊牧，1985），才能穿透事物表象，看見全貌。若是團體進行的當下無法穿透表象，就只做觀察，「如果你看不清團體中所發生的事，不要費力去看。心情放輕鬆，用心靈的眼睛去觀察。」（Heider, 1985；赫德，1991）。

Foulkes也指出，團體分析治療者的角色，如同樂團的指揮（conductor）（Foulkes, 1991）。樂團指揮本身並不參與演奏，但留意每項樂器的聲音，促進彼此的合奏，共構美麗的樂章。團體治療時，尊重成員自身的步調，以靜默且專注的凝聽，讓成員自己決定要說什麼，偶爾適時地提醒團體的話題，促進團體進展，不炫耀自己的知識與技術。由於治療者不去緊握專業技術，消解了技術對心的制約，產生由技術的解放而來的自由感（徐復觀，1976）。這個自由感，觸及的不只是成員或帶領者於團體內個人的覺察，同時也擴及團體外的生活經驗，體悟自身在世存有（being in the world）的立場（Merleau-Ponty, 1962/2002）。

## 三、無爲

　　無爲，看似無爲，其實無不爲。不以過多的言語干擾團體，而是營造自然生長情境，屬於身教的「處無爲之事，行不言之教。」（《老子》第二章）帶領者行事順應自然的發展，像一個助產士，在幫助胎兒誕生的過程中，不到必要，絕不插手（Heider, 1985；赫德，1991）。自然保持著中定，清楚知道，唯有不去干擾，不自以爲是，萬物才能自然成長茁壯。無爲，才能打開身體感知能力，促發團體的無限開展。

　　無爲的領導之道，是謙讓自持的。這種立場，在老子、團體分析，以及現象學倫理態度都曾提到。老子提到的三寶是「慈，儉，不敢爲天下先。」（《老子》第六十七章）Foukles指出帶領者對團體的貢獻，是減少干預（minimum of instruction）、自由聯想的討論（free-floating discussion）、觸發式的引導（initiation by handling）。面對他者的倫理態度，是耐性（patience）、素樸（simplicity）、謙卑（humility）（Kunz, 2012）。統整這三方面的觀點（表4-1），讓我們意識到團體帶領者的態度中，基於慈愛、耐性，以觸發式的引導，面對不確定性；基於儉的素樸與「節省智識、愛惜精神」，以自由聯想的討論，使互動廣大豐盛；基於謙下退讓的「不敢爲天下先」，減少干預，才能受愛戴。

### ㈠ 減少干預

　　團體帶領者常爲了促進團體有效地運作，較容易出現掌控團體的行爲，包括：決定會談主題，避免失控；控制團體中的沈默、衝

突，以免失序；回應團體成員的提問，以免失能。有時，團體帶領者與成員之間，存在充滿矛盾的關係，提問的團體成員，表面上希望帶領者回答問題，實際上，又希望帶領者不要回答，不要囉嗦；帶領者內心想要回答問題，但又知道給答案的舉動，將限制團體的開放性。

團體是眾人組成，由於每個人存在的歧異性，團體運作時必然面對著不確定。帶領者容易出現擔心失控、失序、失能的焦慮感。焦慮越高，所帶出的言語，越會干擾團體運作。團體帶領者宜保持覺醒，自我設限地「不敢為天下先」。由於團體帶領者的沒有作為，反而可以激發成員彼此的運作，找到屬於自己的答案或解決之道，促成「萬物自化」（《老子》第三十七章）、「我無為而民自化」（《老子》第五十七章）的現象（余培林，2012）。

詩人濟慈（Keats）曾以「無為之功」（negative capability）描述一種面對疑惑、不確定時，不會急躁地追就事實與理由的方式。帶領者深知自己所知有限，踩著慎思明辨的步伐，跟隨團體的引導（following the group's lead / hint）（Foulkes, 1991）。

團體的形成，是人為的；團體的運作，是自然的。回歸自然的運作，帶領者需要「致虛極，守靜篤」（《老子》第十六章）的身體工夫，使心靈虛明寧靜，盡量不去干預，只是觀察事物循環反覆的情形。

## (二) 自由聯想的討論

自由聯想的討論，是指帶領者不預設團體主題，以簡約自制與素樸的立場，促成團體的自由聯想。學員曾提到，以不去預設主題的方式帶領團體，需要很大的勇氣。深入了解自由聯想討論的意

涵，將有助於培養此氣度。

自由聯想，具有兩種意涵，一是動態的意涵，是內在與世界、身體與他人共在的體驗。另一是靜態的意涵，悠然的注意，免除維持注意的緊張，以及因注意專注某處而忽略其他（Reik, 1983/1991）。因此，在自由聯想時，不擺弄自己的聰明，直覺地去體驗，如同《莊子》〈大宗師〉「離形去智」，超脫形體的執著，免於智巧的束縛。避免依照自己先入為主的想法，只抓取某一點，以致無法有新的察覺（徐復觀，1976；陳鼓應，1999）。

藉由遺忘概念性的知識，進入事物的真相，要通過兩條路，一是消解欲望，心就不再緊握著有用的束縛，精神就得到自由，主體才能自由的觀照；另一是擺脫知識，不讓知識活動的是非判斷來煩擾心的自由。如此擺脫知識與欲望的控制，虛而待物，才能進行耳目內通的純知覺活動（徐復觀，1976）。

自由聯想討論的純知覺活動，是透過想像，探索之後，使意與物的距離，縮短而融會，產生想像之真（the truth of imagination）。余光中指出，「想像是一種妙變的過程，事實經想像澄清而成真理，被動的知識經想像點醒，成為主動的了解。」（余光中譯，2012a）

團體成員們經過自由聯想討論的經驗後發現，不預設主題，竟然可以產生豐富意義的對話。原本所害怕的團體衝突，可以成為滋養團體的力量。由衝突經驗學到新的表達，因衝突而了解彼此的需要。

### ㈢ 觸發式的引導

基於慈愛與耐心，觸動其感受的引導語，如同慈母對嬰兒的愛

與呵護。成長的過程不是揠苗助長，而是提供情境，使其自身能產生轉化。

　　觸發式引導的帶領方式有三項：(1)戒除成員對帶領者的依賴；(2)避免預設主題、預定方案，或採用系統性討論；(3)保持著後退且不涉入的狀態（Foulkes, 1991）。當團體成員放棄對帶領者的依賴，就能自然產生面對自己問題的能力；避免預設主題，讓出時間與空間給團體成員；保持著不涉入，使成員聽自己內在的聲音。因此在團體之初，帶領者只是簡單地請大家說出當下的心境或腦海中的景象，不需要對別人的話語做禮貌性回應。

　　當話題自然而然的流動，進入議題討論時，帶領者須維持分辨能力（discriminating activity）（Foulkes, 1991），檢查個體與團體的關係，注意話題的流動，不給答案或也不評論是非，總是以一種猶豫的態度，提出問題。化身為讓成員盡情投射幻想的螢幕，成員由慢慢觀看所投射出來的影像，生發出自我創造的能力。這種「不為而成」，源自帶領者心體清明，清楚知道自己是有所不知，這種不去主動表現自己學問的自知之明，利於理解他人，合宜的引領團體。

表4-1　團體的領導之道

| 帶領的方式（Foulkes） | 帶領者的素養（老莊） | 面對他者的態度（Kunz） |
| --- | --- | --- |
| 觸發式的引導 | 慈（自化） | 耐性 |
| 自由聯想的討論 | 儉（心齋） | 樸實 |
| 減少干預 | 不為天下先（坐忘） | 謙卑 |

## 結語

　　團體帶領者需要保持檢視自身的習慣，並且採取信任團體的態度。檢視自身是透過身體知覺與靜聽。信任團體的表層是無為，深層是關注團體自然運作的動力，保持對團體整體全般性的體驗。身體知覺、靜聽（觀）、無為三項要素，有助於使人自覺並真誠地體察現實生活處境，自在地探詢安頓自身。身體感的覺察，豐富我們的感知能力；靜聽的專注，幫助體察真相；無為的中定，促發彼此生命的提升。基於身體感與靜聽（觀）之交織運作而生的無為中定，以團體分析的語言就是減少干預、自由聯想的討論、觸動式的引導（圖4-2）。團體分析導向的團體心理治療，讓這種體察與探詢，自然地運作，滋養著團體中每一個人。

## 自我評量

1. 指出觸發式引導的方式。

2. 比較團體分析與老莊思想。

3. 活動：

(1) 以您的左手碰觸右手維持一分鐘。

(2) 試著體會其此時的身體感覺。

(3) 再與同學或朋友分享身體的雙重感覺。

## 參考文獻

余光中譯（2012a）·想像之真·*濟慈名著譯述*（225-243頁）·台北：
九歌。

余光中譯（2012b）·*濟慈名著譯述*·台北：九歌。

余培林（2012）·*老子：生命的大智慧*·台北：時報。

黃文宏譯注（2013）·*西田幾多郎哲學選輯*·台北：聯經。

徐復觀（1976）·中國藝術主體精神之呈現——莊子的再發現·於
徐復觀編，*中國藝術精神*（第五版，45-143頁）·台北：學生書局。

陳鼓應（1999）·*莊子今註今譯*·台北：商務。

張勉之、張曉丹（2000）·*雕心成文——《文心雕龍》淺說*·台北：
萬卷樓。

楊牧（1985）·*陸機文賦校釋*·台北：洪範。

赫德（1991）·*領導之「道」*·台北：方智。

蔡錚雲（2004）·身心問題的另類思考——西田幾多郎、湯淺泰雄
到梅洛龐蒂的身體觀系譜·*法鼓人文學報*，1，153-177。

Anthony, E. James. (1991). The Dilemma of Therapeutic Leadership:

The Leader Who Does Not Lead. In S. Tuttman (Ed.), *Psychoanalytic Group Theory and Therapy: Essays in Honor of Saul Scheidlinger*. Intl Universities Pr Inc.

Foulkes, S. H . (1991). *Introduction to Group Analytic Psychotherapy*. London: Maresfield.

Heider, J. (1985). *The Tao of leadership: Lao Tzu's Tao te ching adapted for a new age*. Florida: Humanics New Age.

Kunz, G. (2012)．什麼讓治療產生治療性？（石世明譯）．*中華團體心理治療*，18（2）。譯自 http://www.meaning.ca/archives/archive/art_what-makes-therapy-theraputic_G_Kunz.htm.

Levinas, E. (1981). *Otherwise Than Being or Beyond Essence*. Pittsburgh, Pennsylvania: Duquesne.

Liu, James J. Y. (1975). *Chinese theories of literature*. Chicago : University of Chicago Press.

Maslow, A. H. (1971). *The Farther reaches of human nature*. New York: Penguin.

Merleau-Ponty, M. (2002). *Phenomenology of Perception*. Taylor & Francis. Merleau-Ponty, Maurice. (1962). *Phenomenon of perception* (C. Smith, Trans.). London: Routledge.

Merleau-Ponty, M. (2005)．*知覺現象學*（姜志輝譯）．北京：商務。（原著出版於 1945）

Merleau-Ponty, M. (2008)．*可見的與不可見的*（羅國祥譯）．北京：商務。（原著出版於 1979）。

Reik, T. (1991)．*內在之聲*（孟祥森譯）．台北：水牛。（原著出版於 1983）

# 第五章　團體過程中的靜默與話語

學習目標

　1.了解團體中靜默的現象。

　2.認識所說的話與說話活動。

　3.認識團體內的對話與屬於團體的對話之不同。

　4.理解說話者的內在歷程。


　　　　靜默讓人聆聽

　　　　它不占據空間

　　　　讓他人的靈魂一無遮掩

　　　　唯有靜默讓人凝視他人

　　　　　　　　──巴斯卡·季轟

摘　　要

　　本章探討團體中的靜默現象與話語，靜默可以產生啟示，引發對帶領者角色的思考。話語包括所說的話和說話行動，說話行動可以讓自我貼近真實的自己。團體內的對話可以引發屬於團體的對話，對個人產生啟發作用，由說話者的內在歷程去理解自身與他人的關係。

關鍵詞

　　團體、沈默、說話行爲

## 一、團體的靜默

### ㈠ 團體成員的靜默

情境：（國際會議中的一個小團體互動）


在團體的話語流轉中，主持人注意到有四位團員較沈默。團體的中後段，主持人起身，分別走到四位沈默者的面前，停住一會兒，請教其名字，之後回到自己的座位。主持人的此種行動，打斷原本在團體中流動的話語。

當主持人回到自己的位置，開始帶出另一種言語，他說到：「第一位（D）好像繃緊著（tense），第二位覺得團體很無聊，第三位不太注意團體，第四位（C）非常認真推敲（thoughtful）。接著主持人似乎回應著團體中的七嘴八舌，又說到：「當你說這些的時候，你真正想說的是什麼？」也提到：「當你說話，就是有欲望，是你想要些什麼。同時，身體的話語是發生於口說的話語之前。」

之後，主持人邀請繃緊著身體的D說話，而她卻欲言又止，因此主持人說道：「你就用你國家的語言說話。」此時，D開始對著主持人說著多數成員不懂的語言，D高昂且急促的聲音，讓人感覺到這是一種盡情的抒發。（蔣欣欣，2009）


言語是團體治療中重要的元素，透過言語的傳遞，促進團體成員之間的互動。當團體呈現靜默，或出現某些特別沈默的成員，是團體的帶領者需要面對的課題。上述情境中，主持人注意到團體中四位沈默者的身體語言。以講話的身體，作為理解成員的重要線索，引發團體更深刻的對話。以語言作為溝通工具的團體治療，成

員在團體中被期待擔任著需要說話的角色，沈默似乎意味著溝通的中斷，但有時候說話也是避免內在不安的一種防禦性舉動。

　　靜默，讓人凝視他人，產生啓示。成員由觀察沈默者產生學習，沈默者因主持人或成員的邀約提出自己的關注，彼此在說話行動中產生新的自我，顯示欲望在靜默與言語中流動所開創出的生命境界，懂得「不必急著說話」，產生另一種觀看的眼光，以及改善與人之間的關係。靜默被視爲是一把雙面刃，帶領者不需要很積極的去使用它（Foulkes, 1991）。沈默具有多樣性的意含，是團體歷程發展中重要的部分（周立修，2008）。

## ㈡ 團體帶領者的靜默

　　良好的團體帶領者是隱身於團體之中的，他並不是被動，而是具有分辨力（discriminating activity），注意辨識團體中意識的流動（Foulkes, 1991）。在上述團體運作初期，帶領者讓成員隨意自由發言，而後觀察到沈默者的肢體言語，注意團體言語細微的變化。在團體進行時，帶領者多半保持沉默，盡量減少指導語，讓成員擁有更多自由表達的空間。在精神分析場域中，法國精神分析學大師拉崗（Jacques Lacan, 1901～1981）認爲，分析者（即爲團體帶領者）的沈默是處理成員欲求的方式，在治療場域中出現的欲求，時常是分析者的欲求（the desire is the desire of the analyst），因爲被分析者會將分析者放在自己內在他者（other）的位置，以爲分析者無所不知（實際上分析者一無所知）（Safouan, 2004），而將分析者的欲求內化爲自己的。上述這種分析者與被分析者之間的關係，也出現在團體帶領者與成員之間，因此，團體帶領者需要自我限定與保持沈默，減少對成員的誤導，以不干擾的形式存在著，成

為團體成員自由想像與投射的對象。在此鏡像關係裡，成員透過他者（帶領者或成員），致力於澄清自己的欲求，向自身的主體貼近。

## 二、語言（Language）與言語（Speech）

言語參與自我的建構，人們在互為主體的處境中，彼此相互建構著。一個好的團體，能讓人在鏡照中如實的看見自己。此團體內的操練，可以處理個體的欲求，提升自己的社會適應能力。拉崗提到，語言（language）是一種結構，言語（speech）才是自己（Dor, 1998）。言語將個體的生命感受意識化，當感受被意識化時，就可以成為認知與討論的對象（柯慶明，2000）。言語是一種象徵的交易，連結人與人之間的關係，如同交換禮物一般。拉崗引用海德格對論述（discourse）與喋喋不休（chatter）的區分，指出言語的兩種形式，一種是充實的言語（full speech），另一種是空泛的言語（empty speech）。充實的言語是充滿意義的，也可稱為眞正的言語（true speech），是傳遞語言的象徵性層面；空泛的言語，僅是指涉（signification）某事物，此時主體（subject）與自己的欲望（desire）疏離，對著某人說些無法滿足自己欲望的無意義的話語，是表達出語言的想像性層面（Lacan, 1977）。只是應和著想像自己角色該說的話，而不是自己眞正想說話。團體帶領者就是在不同言語的擺盪中，努力的去尋找充實的言語。講話的身體存在於話語之前，主持人引導團體成員注意到沈默者的身體語言，促成充實言語的現身，讓自我靠近主體，貼近眞實的自己。

話語是團體運作時，彼此了解或主體陳述自身存有狀態的途徑。法國現象學者列維納斯（Levinas）將話語區分為「所說」

（the said）與「言說」（說話行動，the saying）兩種概念，話語涉及主體的「存有」活動，而非一般的「說話活動」（Levinas, 1981）。

　　說話不只是說出某種東西，而是向他人展示自己，或是一種祈求。「所說」，意指個體當下存有所呈現的話語，是已經被主題化、固定化，像是已經寫在書上的文字，具有道理。此時的「存有」活動，比較沒有開展性。有時團體中出現的所說，是說話者為說話而說話，有時是為應和著外界，表現存在而說話，有時又是配合自己扮演的角色而說話，說些配合規範的話語或是人生道理，這種語言，無法真誠反映自身當下的感觸。有時團體帶領者會預先設定討論主題，成員只能依此主題回應，彼此在角色中相互配合著運作，比較容易出現空乏的言語。

　　「言說或說話行動」，是指當下互動生成的話語，生成的話語是基於當下身體經驗的有所感而發。團體當下受到他者觸發，引發內在的擾動而產生的話語，此話語不是預先籌畫的，只是種模糊不清的內在感觸，因受到他者的激發，而自然出現生命的創造與創新。當團體成員提到自己與工作的關係，引發另一成員說出自己與同事相處的無奈，在繼續述說中，發現無奈中的新意，是同事的幸運，也看到自己的福氣，彼此激盪出充實的言語。

## 三、團體與對話

　　個體基於某種欲求而進入治療性的團體，產生「團體內的對話」（dialogues in the group）與「屬於團體的對話」（dialogues of the group）兩類。「團體內的對話」就是溝通（communication）是自我的言語透過對自身與他者的想像，在團體中訴說自己、給人

回應或是保持靜默。團體心理治療所處理的正是這些源自每個人的想像界所形成的沈痛與衝突。「屬於團體的對話」是由團體成員對話，對個人產生意義的言語。藉著語言與他者連結，語言的象徵性功能，使個體與個人的想像（imaginary）過渡到真實的主體，逐個生發於象徵界（symbolic）的啓示（revelation），讓不明確的主體我（subject I）呈現（Giraldo, 2009）。

　　靜默現象誘發成員之間的互動，促使潛藏於團體的挫折與憤怒得以現身，透過不完滿的再現，產生苦澀後的痛快。使得「團體內的對話」引發「屬於團體的對話」，而產生存在的啓示。

　　有時候，團體情境中成員的七嘴八舌是一種空泛的言語。成員應和著想像中的角色發言，為說話而說話，而非注意到自身內在的真正感受。顯示說話的主體（who speaks）與被說出的主體（who is spoken）之間總是存在著一種斷裂。每個人有獨特的歷史，帶出不同的想像，我們很難了解潛意識的世界，唯有經歷被誤解的斷裂，經過破壞，才能產生新的秩序。某種形式的錯覺，這就是引發探索主體的一種基礎。因此，在團體當下，主持人不僅注意成員言語的形式，也留意到一種沒有聲音的言語。順著當時自然的情境，不具個人的成見而移動身體所處的空間，自然的介入團體中強勢的空泛言語，其關注的不是正在說的內容，而是想說卻無法說出的。主持人順著當下情境自然的介入，如同莊子所提的「卮言」，「卮言日出，和以天倪，因以曼衍，所以窮年。」這種自然而然，不預設立場，隨和而發，所以不斷受到外在引發而生生不息，團體對話中當下出現的卮言，是現場激發的對話，彼此保持開放性的聆聽，不預設立場。不僅將話語聽入，同時，也分享反芻後的心情，如此不斷混融，走出自以為是的存有活動。

　　在成員的互動關係中，自我透過與他者之間關係的想像，在象徵界生成具有意義的啓示，處理自我存在的不完滿。聽與說之間，團體成員能否由言語相互形塑而產生啓示，立基於成員在團體與客體產生關連（object-relating）與使用客體（object-usage）的能力，使用客體相較與客體於產生關連，是更複雜的處境。有些人在團體中，可以與人在想像層次產生關連，但是無法使用團體來滋養自身。有些人在團體透過普遍人性關連的領會，發展出使用客體的能力，進入象徵界的心靈活動，產生「屬於團體的對話」的個人啓示，可以落實在自己的生活經驗裡。使用客體的能力需要在安全的情境中逐漸發展起來，是一個人成熟的過程（Winnicott, 1971）。

## 四、說話者的內在歷程

　　話語代表我與他人的接觸，兼具回答（response）與責任（responsibility）兩種性質。在回應與責任的關係裡，我與他者之間處於一種「非彼無我，非我無所取」的互為主體的相生相成的關係。醫護人員與病人之間就是處於這種彼此相互關連關係，因病人的出現，醫護人員具有存在的意義。此互相依存的人我關係，也出現在親子、夫妻、師生之間等。

　　彼此相互關連的處境中，難免出現一些不得不然的狀況，這種不得已，透過言說當下的內在運作，產生一個提供彼此超越的精緻創發歷程。首先，是本身的感知能力，每個「活」都存在著受動性（被動的主動性），因有所感，產生情緒，此單純自明的純粹感受，構成主體存活的內容。只是，最初的「有所感」，常是說不清楚；也就是，在說出話語之前，其實已經存在著想要表達，卻又不明確的「言」，說出是「言」被他者呼喚出。當面臨被提問時，以

一種順從、尊重的立場，試著說出，開始赤裸裸的呈現自身，自身不僅向外觀察觀眾的反應。同時，向內體察自身的反應，挑戰自己的陳述。意識到自身與他者的差距，或是自身陳述的話語與自身情緒間的距離或斷裂。情緒再次生發，進而修正自己的語詞，意圖讓自己話語有新意（圖5-1）。打破已被固定化或是主題化的所說，透過互為主體的關係，於不斷在挑戰中，跳脫自身，再一次產生新意，真正存活的人，是勇於打破自己的同一性（Levinas, 1981），不斷自我更新。

圖5-1　說話者言說（the saying）的內在歷程

　　主體在存有活動中現身，放下任何防禦地暴露自己，赤裸裸地向他者顯現，沒有任何矯飾，離開安全的庇護所（shelter）。呈現由迎面而來的他者所激發的易感性（vulnerability），被要求反

應，被逼迫有所反應，也做反應，此反應又回溯到自身，再次思考自己的存在。此存有活動一直向外擴展，不是一直固守於內在的自我同一，不去要求團體運作在自己的掌控之下。由內在走出，轉向外在，順者團體的流動，對存有本質的忠誠，卻也造成自我的分裂。這種不顧自己，對自身定型角色的背離、遺棄、反抗，使自己由渾渾噩噩的自身，轉向為清醒本真的自身，忍受自我叛離的痛，使自身逐漸在為他（for the other）之際，被他（by the other）所激活，產生成就自身（for oneself）的熟成（ageing）（Levinas, 1981）。

團體互動的現場，因眾多異於己身的他者存在，成員之間相互引發的對話，跳脫原有的框架，使人可以由日常生活處境進入本真存活的樣貌，喚起自身的創造感。通過記憶，讓過往與當下存有同時呈現，使模糊又說不清楚的處境，進入較為清明、活潑開放的場域，建構主體感（subjectivity），產生不斷創發的人性（humanity）（Levinas, 1981)。說話主體，團體中的說話行動中，不斷向上提升。

說話是一種欲望的呈現，是自我在想像界進行的活動。異國文化中不同語言的使用，彰顯出言語使人與主體分離的創傷。反思團體內的對話，呈現出共同的生命經驗，引發靜默者（聽者）受到他人的啟發（inspiration）。心有所感，便不可能繼續保持靜默而不回應，因而不惜放下一切身段，敞開自身，將自己暴露於他人，產生對於他人之親近的忠誠回應（response）與應承（responsibility）。列維納斯將這種被他人所感而不得不回應的情形，形容成「被他人傳喚」（assignation）、「受到他人糾纏附身」（obsession）（張國賢，2009）。如本文最初所引述之情境，

帶領者邀請成員使用母語表達心中所想，成員也能夠盡情的抒發，說出他一般不太會說的言語，團體帶領者也需要敏覺於團體易感性可能帶來的傷害，而能適度的保護及支持團體成員。

## 結語

團體中的靜默開展出言語與人存在的關連。語言理所當然的存在於生活之中，面對異文化的交流時，語言彰顯出言語與人存在的關係。語言不僅是被我們說用，言語也建構著我們的存在。

團體成員在靜默時進入其他成員的生命經驗，並且與自身的經驗做連結，在說話行動中產生啓示。生命的啓示不是預設或預期的，而是在彼此關懷裡無意中產生的。在團體內成員彼此關連的過程中，每個人帶著自己過去經驗與未來期許，在指責、衝突、感謝、肯定的不同處境中，使用團體的層次也各不同，但是都經驗著關於擁有（having）或是存在（being）的人生劇碼。

靜默不是無語，而是內在流動著尙未彰顯的豐厚意象；語言的斷裂，卻促使成員間出現豐富的對話，開顯的生命不圓滿，經過言語將其加以客觀化，成爲可以沉思與觀照的對象，促成對生命深刻認識與理解的痛快。靜默蘊含著自我省察及對他者的投注，導引進入另一個人或生活當中的行動裡，促成生命意識的深化。團體用靜默的流轉，呈現出成員在彼此的關係律動中漫步，透過與他者的互動使生命中的缺損，產生深切的覺醒。靜默看似無語，實是帶出言語，在悲智雙運的過程中，朝向主體之路邁進。

## 自我評量

1. 指出團體中的靜默現象。

2. 分辨團體中不同的言語。

3. 描述說話者的內在歷程（以自己經驗爲例）。

## 參考文獻

周立修（2008）·團體中的沈默·*中華團體心理治療*，*14*（1），1-4。

柯慶明（2000）·文學美的意義：論欣賞·*文學美綜論*·（46-63頁），
　　台北：大安。

張國賢（2009，10、11 月）·倫理的閱讀與強度的閱讀·於政治大
　　學哲學系主辦，*第五屆南北哲學論壇學術研討會：新漢語哲學論
　　衡──對中西倫理學的表述、轉譯及詮釋爲例*·台北市：政治大
　　學文學院會議室。

蔣欣欣（2009）·團體過程中沈默者的言語·*中華團體心理治療*，
　　*15*（4），15-26。

Dor, J. (1998). *Introduction to the Reading of Lacan : The Unconscious Structured Like a Language*. New York: Other Press.

Foulkes, S. H. (1984). *Therapeutic group analysis*. London: Maresfield Reprints.

Foulkes, S. H. (1991). The Conductor's Contribution. *Introduction to Group Analytic Psychotherapy* (pp. 69-71). London: Maresfield.

Giraldo, M. (2012). *The Dialogues in and of the Group: Lacanian Perspectives on the Psychoanalytic Group*. London: Karnac Books.

Lacan, J. (1977). *Écrits: A selection*. New York: W.W. Norton & Company.

Levinas, E. (1981). *Otherwise Than Being or Beyond Essence*. Pitts-
    burgh, Pennsylvania: Duquesne.

Safouan, M. (2004). *Four Lessons of Psychoanalysis*. New York: Other
    Press.

Winnicott, D. W. (1971). *Playing and Reality*. New York: Routledge.

# 第六章　團體心理治療中的早退行為

## 學習目標

1. 認識團體治療過程中發生的早退現象、類型及形式。

2. 了解促成早退之因素。

3. 了解影響早退發生的因素。


## 摘　要

在團體心理治療中，「早退行為」主要可分為有潛伏型及完全型兩種型態，影響早退行為的因素有：(1) 與個人所處狀態有關者，包括身體不適、動機不足、衝突形成。(2) 與當時環境有關者，包括帶領者的態度、團員關注程度、團體人數、新成員數。這些因素對早退者造成不同的拉力與驅力，其最後形成的總結合力決定早退者所處的生活空間（life space）。此外，早退除了會破壞團體的穩定性，同時也可能會產生建設性的治療效果，包括促使團體成員認識自己感受，學習與人相處。


## 關鍵詞

團體心理治療、早退現象

生病的人對自己疾病的處理具有主動抉擇的權利。病人在接受團體治療的過程中，可能會主動的離開或提早退席，早退常發生在團體治療過程的最初12次，比率由25%到57%不等（Yalom, 1966；Yalom, 1985）。也有學者提出一些關於早退者的特質及早退原因的觀點，諸如：早退者常用否認的心理機轉，有身體化症狀（somatization），參與的動機較低，與年齡、診斷、婚姻、性別等個人因素無關，而個人在團體中的特殊角色是其主要因素之一（Yalom, 1966）。早退的現象對團體產生許多負面的效果，帶領者感到自己的失敗或認為病人對自己有敵意，其他團體成員感到團體的士氣沒落（demoralized），出現連續早退的波浪現象（wave phenomenon）等情況，均會影響團體的親和力與穩定性（Grotjahn, 1972；Piper, et al., 1979；Stone, et al., 1980；Yalom, 1966）。有些學者為了避免早退的產生，因此建議一些方法，包括謹慎篩選病人（Spitz, 1984），治療初期形成正向治療性關係（Piper, et al., 1979）等，但即使治療前經過仔細的篩選，且給病人作事前準備，仍無法避免早退的產生，因此，也有學者認為，只需由病人的情緒與身體功能的情況，來決定其可否參加團體治療（Lothstein, 1978）。

關於分析團體的方法，Lewin認為應把團體及其背景當作一種「社會場地」（social field）來加以陳述：場地（field）就是一種生活空間（life space），個體所處的生活空間是受個人所處狀態及當時環境二個變數的影響，經過不同的拉力與驅力所形成的總結合力，決定個體的生活空間（Lewin, 1964），因此要了解團體中早退行為的特性，需由整體的觀點來了解。以下針對住院病人團體心理治療的內容為例，分析早退行為。

# 一、團體治療活動簡介

## ㈠ 情境

在某醫院急性精神病房內進行12次的住院病人團體心理治療，此團體心理治療每週舉行一次，每次歷時50～60分鐘，治療過程中著重團員彼此的討論與支持，話題由當次團體互動中形成，過程包括四個階段：(1)介紹期；(2)提出議題期；(3)討論議題期；(4)總結。此外，在每次治療前20分鐘及治療後30分鐘，為帶領者、協同帶領者與觀察者彼此討論溝通。每次參與治療的人員，除帶領者、協同帶領者各一人外，有8～14位病人，均坐於治療室內的座椅（排成圓形），觀察員則坐於由帶領者及病人所形成的圓圈之外圍。當治療開始後，治療室的門就關上（未鎖），但不限制人員的進出。

## ㈡ 治療小組成員

治療小組成員是由精神科醫師、護士、社會工作人員所組成，團體進行之前，治療小組成員均經過4個月的準備階段，包括每週二、四分別舉行的團體讀書會及團體心理治療實務訓練，最後由小組中自由產生6位帶領者，每兩人形成一組，負責連續四次的治療，共計12次團體心理治療，為期三個月，凡不擔任該次治療的治療小組成員均為觀察員。

## ㈢ 參與病人背景

每次參與團體治療的成員不一定相同，主要是邀請的對象是能表達自己或能坐著聽他人意見者，且本身同意參加團體治療者。在每次治療開始前4小時先邀請具有參與意願的病人，及10分鐘

前再通知一次，若病人在會前表示拒絕，則不勉強其參加。在共
12次的團體心理治療中，只參加1次或2次團體治療的患者占64%
（30/47）。

　　參加此團體心理治療的住院病人共有47位，其中男性37人，
女性10人，診斷包括精神分裂症17人、情感型精神病19人及其他如
人格異常、藥物成癮、精神性厭食等10人，年齡分布為20～45歲，
平均住院天數為53.3±35.8天（±SD）。其中出現早退行為有10人
（21%），均為男性，年齡為20～30歲，其中9位均正服用抗精神
病藥物，7位的診斷為精神分裂，2位為情感型精神病。

### ㈣ 發生早退的當時環境特性

　　因每次團體治療參加的成員數不同，新成員數也不同，若以
團體人數與新成員數的情形比較團體中早退發生與否，發現團體
成員多於（含）10人，且新成員數多於（含）4人的團體，其早退
情形顯著地與成員數少於10人或新成員數少於4人的團體有差異（P
= 0.0078），見表6-1。此外，三組不同帶領者的團體，其中有一
次帶領者因事無法參加，此三組團體，其團體成員數（F.05 (2,9) =
1.554，P = 0.263）及新成員數（F.05 (2,9) = 1.753，P = 0.228）均無
顯著差異，但在第一、三組的連續四次治療中，完全型早退都只發
生在前2次，在第二組的治療中，四次均出現離開後，不再回到團
體的完全型早退。為顧及個案之隱私權，各情況中的案例均採用化
名。此外，為便於了解該情況所處的團體，將列出該次團體的人數
（M），新成員數（NM），以及節次序位（S，S = 1代表是第一
次的團體治療）。

表6-1　團體中早退情形與團體成員結構間之關係

| | 出現早退之團體 | 無早退之團體 | 總計 | P值 |
|---|---|---|---|---|
| *I | 7 | 1 | 8 | ***0.0078 |
| **II | 0 | 4 | 4 | |
| | 7 | 5 | 12 | |

*I：團體成員數大於（含）10人，且新成員數大於（含）4人。
**II：團體成員數小於10人或新成員數小於4人。
***使用費雪爾正確概率考驗（Fisher's exact probability test）

### (五) 早退者的個人狀態

　　形成早退之個人所處狀態的相關因素，可歸納爲三項：(1)身體不適，指個案在團體中感受到其生理需求未能滿足或無法控制其身體功能，如：主訴要上廁所或與藥物副作用有關的靜坐不能、嗜睡等；(2)動機不足，指個案參與團體後，自認無法得到幫助而不願意談；(3)衝突形成，指個案在團體中與其他成員發生爭執或無法面對發生爭執的場面而離去。

## 二、早退行爲的類型

　　早退行爲的類型，依病人離去後，是否有再回到團體，區分爲潛伏型早退及完全型早退。

### (一) 潛伏型早退

　　指團體心理治療過程中，個人受到某些驅力影響，曾表示離去的意願，但卻又被當時治療脈絡中出現的拉力所作用，而未離開團體。以下將依個人所處的狀態，分別描述所發現的各種情況。

## 1.身體不適

情況1：（M＝8，NM＝0，S＝10）

陳先生是位急性精神分裂症患者，在團體提出議題階段，談到自己服用藥物後常感到坐立不安，此時王先生接著提出本身的經驗：「我以前又比你更嚴重，現在都好了。」後來，陳先生又提到：「我老是坐不住，想起來走走。」此時，帶領者詢問團體對此事的意見，王先生表示不同意，帶領者就請陳先生再試試看留在座位，他點點頭，在團體後來的討論中，陳先生不僅未離去，甚至建議其他病友，「既然來了，就要把問題說出來。」

陳先生了解到自己坐立不安是由於藥物副作用所致，由於此種身體不適而想離開，但團體中的一位病友提出自己過去相同的經驗，可以使陳先生感受到，坐立不安的問題不是自己才有的，而且將來也會如那位病友一樣好的，在這些互動過程中，可以看出團體中顯現的普及性（universality）、寄予希望（instillation of hope）等治療性因素（therapeutic factor），是一種環境中的拉力，促使欲早退者留下來，進而對團體有貢獻，鼓勵他人的參與。

## 2.動機不足

情況2：（M＝8，NM＝3，S＝4）

李先生是位第二次住院的精神分裂患者，在團體過程中，見到有人欲離去，就表示自己也要離去，帶領者問其原因，他答道：「坐在這裡也沒有用。」此時，帶領者就請其他病友表示意見，有位提到：「我覺得李先生自我太重，我自己也坐不住，但為大家開會，只好勉強自己坐住。」接著，又在帶領者的邀請下留在團體，後來，李先生不僅參與討論，且能找出自己擔心的事，如：「該住多久醫院？」、「出院後怎麼辦？」

　　李先生是受到其他早退者的情緒感染，也想離去，但當時又聽到另位病友的經驗與意見，而留下來，且漸漸能傾洩（catharsis）自己的困擾。

### 3. 衝突形成

　　情況3：（M = 10，NM = 1，S = 6）

　　在團體的議題討論階段，兩位病友發生爭執，此時，有病友陸續離去，接著又有兩位由座位站起來準備離開，帶領者見狀，希望留住這兩位，立即指名丁先生請他發表對欲離去者的建議，但丁先生卻回答：「我沒有意見，我想出去走走。」當丁先生正要站起來，坐在一旁的協同帶領者按一下他的肩膀，丁先生才未離去。

　　上述團體中的爭執，破壞了「既然參加治療，就該留下」的團體規範，出現連續早退的波浪現象。此刻，帶領者急著想改變此現象，喚起大家注意團體規範，就指名丁先生表示意見。但是卻使丁先生陷於該要大家遵從團體規範留下來或隨其個人意願，這種去個人化（deindividualization）與個人化（individualization）的衝突中，他選擇了逃開（flight）的適應方法——也要離去。當時，協同帶領者又留住了他。

### ㈡ 完全型早退

　　指團體心理治療過程中，個人受到一些驅力影響，表示離去的意願，並付諸行動，包括離開治療室或治療圈，此時環境中的拉力未能使其留下。

### 1. 身體不適

　　情況4：（M = 14，NM = 7，S = 2）

　　周先生在治療過程中一直未發言，僅低著頭，後來他提到自

己很疲倦想離開，但團體不同意，就留下來；接著，另位病友提出自己坐不住，要站在旁邊（治療圈外），此時，周先生立即表示：「我也站著好了。」直到最後進行總結時，帶領者邀請其回座，他們才回到治療圈內。

情況5：（M＝12，NM＝4，S＝9）

林先生已參加過三次的團體心理治療，是位急性精神分裂者，此次治療時，表示要上廁所，帶領者就指出他似乎經常如此，（前幾次團體治療時，都出現因上廁所而離去。）林先生才回答：「是坐立不安，想起來走走。」帶領者就請他在治療圈外活動一下，林先生就在治療室內靠著牆站著聽大家的討論，未要求去上廁所，後來，他自己主動回到座位上。

情況4中，周先生本欲離去，但受到團員的拉力就留下，可是後來又模仿另一成員的方式，離開團體站在治療圈外。情況5中，林先生原本表示「想上廁所」，後又改成「想出去走走」為理由，是個有趣的發現。此外，上述兩種情況顯示出，兩種完全型早退者回到團體的方式，一為邀請後回來，一為早退者主動回來。

## 2. 動機不足

情況6：（M＝14，NM＝6，S＝1）

史先生為轉化症患者，在團體提出議題時，他一直重複說自己左腿不能動，要求會診精神科，病友建議他，「先把心理問題治好，再會診別科。」但史先生不理會他人的意見，自顧自的繼續說：「我走一步，摔一步，都沒人照顧我。」又堅持會診的事，使團體過程無法進展，於是帶領者建議將會診的問題，留到團體治療結束後與其醫師談。接著，請其他病友提出議題，此時，史先生不再說話，但卻不斷以手敲椅子。後來，在二位病友提出議題後，他

突然站起來，向門口走去，帶領者正要留他，但史先生已開門出去了。帶領者仍繼續團體討論的事，此刻，一位觀察員出去陪伴史先生，了解其未在團體處理的挫折，觀察其行為。

情況7：（M＝11，NM＝0，S＝7）

曹先生是為雙極症躁型患者，在提出議題階段，指責工作人員不該禁止某病友（未參加該次團體）打電話，又批評病房設施，壟斷發言的機會，此時，王先生由座位中站起來，說：「我覺得很悶，想出去走走。」另位病友也表示要離去，帶領者此時又詢問團員意見，曹先生馬上表示同意，於是兩位病友都離去；後來到討論議題階段，帶領者詢問團員，是否請回早退者，曹先生又立即表示「不需要。」因此，早退者未被請回，後來有位病友提到：「我有問題，要跟醫師談，不要跟他們講。」接著要離去，又在曹先生同意後離開。

上述兩情況中，均出現獨占議題的患者，史先生起初不斷強調自己的問題，後來感到不被重視，對別人的議題沒興趣，但他的離開，並不影響團體治療的運作；曹先生則不僅占據討論的議題，甚至操縱團員的去留，使其他成員沒有興趣參與而離去。由這兩個情況再次顯現團體成員關注程度，會影響早退是否發生，此外，帶領者如何適當地處理團體中的獨占者，及當時團體的運作，也是值得討論的。

## 3. 衝突形成

情況8：（M＝10，NM＝1，S＝6）

田先生是位即將出院的雙極症躁型患者，於提出議題時，大聲地質問呂先生：「為什麼你每次請假都被批准？」呂先生則不承認，兩人開始爭執，田先生又質問：「你為什麼對我不滿意？」接

著又對帶領者說：「他每次都給我氣受。」此時帶領者問道：「可不可以舉個例子？」田先生就不講話，但另外病友舉手，說：「我知道。」但他尚未說出知道的例子，林先生由位置上站起來，「我要出去走走，我覺得不要太衝動。」講完就離開團體，呂先生也跟著他走，不理會團體成員的挽留。田先生見到這種情形，說：「他怎麼走了？……這樣沒風度……，我跟××就相處得很好……。」接著，帶領者請團員表達他們當時的感受，病友們紛紛提出，「我覺得他們出去破壞團體。」「是不是請他們回來。」到此時，就有位問田先生的意見，他答道：「應該請他們回來。」之後，一位病友自告奮勇去請他們回來，當早退者回來後，帶領者就請他們談個人的感受，林先生提到：「我剛剛看他們吵架，心裡很緊張，所以出去。」然後，田先生對呂先生道歉，但呂先生低頭不語，團員們就鼓勵他接受道歉，呂先生才抬頭對田先生說：「沒關係！」

上述情況中爭執發生初期，帶領者的處理（請人舉例說明一件過去的事）使衝突更明朗化，造成多位病人紛紛離去，不過，後來，帶領者卻注意到「此時此地」（here and now）的需要，請仍留在團體的成員表示當時的感受，詢問他們對早退者的意見等；由於帶領者的關懷，適時引導團體互動，使成員也學會關心別人感受，這種關注促使早退者回到團體，同時能面對自己真實的情緒——例如，林先生提到自己的緊張。此外，學習新的行為反應方式，例如，田先生的道歉、呂先生的接受道歉。顯示出團體是個動態的過程，雖然早期的疏忽，使得團體出現早退的波浪現象，但後來也因早退的發生，帶動其他病人討論，使之出現建設性的成果。

綜觀上述，了解到團員關注程度與帶領者態度，是影響早退發生的另外兩個重要環境因素。

## 三、早退行為的概念模式

　　促成個案早退行為的因素，包括：(1)與個人有關的因素，包括：身體不適，動機不足、衝突形成。(2)當時環境狀態，包括：團員關注程度、帶領者態度、新成員數、團體成員數等所影響。兩者交互作用，產生各種拉力與驅力，最後形成總結力，決定其為潛伏型或完全型早退；早退的發生，雖然破壞團體穩定性，但有時也有增強團體的治療作用。根據此分析結果，形成團體心理治療中早退行為的概念模式（見圖6-1）。

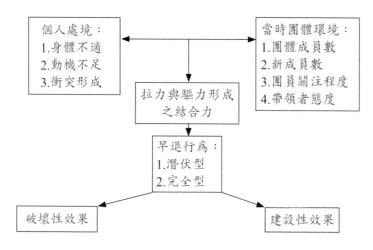

圖6-1　團體心理治療中早退現象之概念模式

### ㈠形成早退現象的相關因素比較

　　關於團體心理治療中早退行為的研究，多以門診或慢性長期住院病人為對象（Grotjahn, 1972；Holmes, 1983；Kotkov & Meadow, 2001；Leopold, 1976；Lothstein, 1978；Murphy & Cannon, 1986；Piper, et al., 1979；Stone, et al., 1980；Yalom, 1966；Yalom, Houts,

Zimerberg, et al., 1967），缺乏有關短期住院急性精神病人團體心理治療中早退現象的研究；收集資料的方法，有事後詢問帶領者其團體早退情形（Murphy & Cannon, 1986），或採用問卷測驗的方式，或是事後詢問早退者對團體治療的看法等。這些研究忽略早退發生當下的治療脈絡，因此不易對團體心理治療的早退行為進行整體性的探討，也就無法形成較完整的概念架構；Yalom（Yalom, 1966）與Grotjahn（Grotjahn, 1972）是對早退產生原因作較有系統整理的兩位學者。Yalom認為產生早退的原因有9種（Yalom, 1966；Yalom, 1985）（見表6-2），同時也指出他自己對早退原因之分類有些彼此交疊（overlapping），其中主要為下列三項：(1)外在因素，是包括身體上的因素與外來的壓力。(2)團體中的特異性，是指身分較特殊的病人覺得自己不適合參加該團體，對團體的討論沒有興趣。(3)親密的問題，指有些早退病人與對人建立親密關係有些衝突感。這三項與本文中個人所處狀態的因素類似，但是由於本文是以短期住院病人為對象，團體的進行以成員間的互動為主，未探討

表6-2　Yalom、Grotjahn與本文治療小組有關團體治療中早退行為之成因

| 本文（1987） | Grotjahn（1972） | Yalom（1966） |
|---|---|---|
| 住院病人團體 | 門診病人團體 | 門診病人團體 |
| 病人所處狀態： | 1.因症狀不宜繼續治療 | 1.外在因素 |
| 1.個體不適 | 2.動機不足 | 2.團體中的特異性 |
| 2.動機不足 | 3.害怕面質 | 3.親密感的問題 |
| 3.衝突形成 | 4.外在環境 | 4.害怕情緒的感染 |
| 當時環境狀態： | 5.情感轉移及情感反 | 5.被激怒者 |
| 4.團體成員數 | 　轉移 | 6.不能與帶領者分享 |
| 5.新成員數 | | 7.個人與團體治療同 |
| 6.帶領者態度 | | 　時進行的合併症 |
| 7.團員關注程度 | | 8.對團體治療的誤解 |
| | | 9.小團體的合併症 |

個人的潛意識。Grotjahn提到情感轉移或情感反轉移是早退的成因之一，本文僅提及帶領者的態度等因素，未明確指出潛意識的力量。

### ㈡ 理解早退者的個人處境

個人因素包括身體不適、動機不足及衝突形成，團體中的早退是一種動態的過程，早退者所描述其欲早退的理由，有時是配合當下情境而說，未必是眞正的理由，本文中林先生（情況6）也曾以「要上廁所」替代「坐立不安」的理由，而想出去走走。文獻指出，團體治療中三分之二的病人以身體因素爲由早退（Yalom, 1966）。本團體中病人常因藥物副作用產生的嗜睡，靜坐不能等爲身體不適而提早離去，但也有時候，因受到團員的關注而繼續留在團體，這提醒我們，必須由整體的、動態的角度了解團體中的早退行爲。

個案在團體裡無法面對衝突而離去，可被視爲一種突發性的阻抗（episodic resistance），這種阻抗可以幫助個案增加自我認識，了解自己經驗中的行爲傾向（Wachtel, 1982）；Hawkins（Hawkins, 1986）指出，團體中的不穩定現象，可以被處理成爲團體有幫助的狀態；但是，要成功地處理衝突，其團體本身的內聚力（cohesiveness）是非常重要的（Yalom, 1985），在急性住院病人的團體，其內聚力不易建立，應避免挑起團體的衝突（Yalom, 1983）。在情況9中，雖然衝突被激起，但由於當時環境中的因素，又產生內聚力，使早退者回到團體中，認識自己對壓力的習慣反應方式，也發揮團體的治療性效果。

此外，團體本身具有一種去個人化的作用，即個體可隨著團

體的脈動，忽略個別立場而融入團體內，但有時候，這種去個人化或吞沒（deindividualization or engulfment）與個體的另一種個人化或疏遠（individualization or estrangement）的需求相互對立，造成團體中的緊張氣氛，團體成員就以攻擊或逃避（fight or flight）、依賴（dependency）或配對（pairing）的方式來適應（Sampson & Marthas, 1981）。例如：有的病人主動離開，有的依據別人的意見而離去，有的跟隨他人而離去，因此在處理早退時，帶領者需注意團體中去個人化與個人化之間存在的問題。

### ㈢ 降低早退發生的情境考量

　　產生早退的情境因素，包括團體成員數、新成員數、團員關注程度、帶領者態度。住院病人的團體心理治療人數以4～8人爲佳，9人以上的團體易有混亂情形（N. Kanas, 1985），另有文獻指出7或8人的團體，從眾性較高（林美枝，1980），Schachter指出高內聚力的團體，其成員不僅願意繼續成爲團員，且會鼓勵其他成員也留在團體（Schachter, 1951），本文發現，新成員數多於4人，團體成員數多於10人之團體，其早退行爲出現較顯著，可能與其內聚力不易形成有關。

　　帶領者可以使用一些方法減少早退產生的負面效果，包括：

　　1. 事前的準備工作，可增加團體內人際的主動（Yalom, Houts, Newell, Rand, & Alto, 1967）。Piper比較經過與未經過事前訓練的團體，前者早退顯著減少且參與意願較高，但在短期住院的急性病房中進行團體治療前，先對病人預行事前訓練團體的效益並不高（Piper, et al., 1979）。Ernst曾以事前簡單會況、閱讀治療簡章，及不作任何準備的三種方式，進行比較，發現三組的早退率並無

顯著差異，但前二組的參與意願較高，是以此二種合適（Ernst, Vanderzyl, & Salinger, 1981）。

2. 敏銳地覺察到團體中的初期憤怒（young anger），並即刻處理，避免挑起衝突，若是病人實在缺乏動機，無法繼續參加團體，可讓他離開，以免影響團體互動的進展，但也須注意早退者個人的需求，如在會議進行時，可請觀察員去注意離去後的情形，或是在進行總結時請病人回來談他的感受，或是於會後去訪問早退者等方式。

3. 留意團體中去個人化與個人化的問題，團體中產生的意見是否真的是多數人的意見是須要檢視的，如「團體」是否同意某病人早退？此時帶領者應鼓勵成員，對已被提出的意見表示疑問或提出反對的觀點。

## 自我評量

1. 形成早退現象的個人因素為何？

2. 何謂潛伏型早退、完全型早退？試舉例說明之。

3. 團體帶領者如何減少早退產生的負面效果？

## 參考文獻

林美枝（1980）‧*社會心理學*‧台北：大洋出版社。

蔣欣欣（1985）‧護士在住院病人團體心理治療中的支持性角色‧*榮總護理*，*2*（3），289-295。

蔣欣欣、余玉眉（1982）‧自我不滿意識行為──一位婦科病人的個案研究‧*護理雜誌*，*12*（3），303-306。

Ernst, C., Vanderzyl, S., & Salinger, R. (1981). Preparation of psychiatric inpatients for group therapy. *J Psychiatr Nurs Ment Health Serv, 19*(7), 28-33.

Grotjahn, M. (1972). Learning from dropout patients: a clinical view of patients who discontinued group psychotherapy. *Int J Group Psychother, 22*(3), 306-319.

Gurman, A. S., & Gustafson, J. P. (1976). Patients' Perceptions of the Therapeutic Relationship and Group Therapy Outcome. *American Journal of psychiatry, 133*(11), 1290-1294.

Hawkins, D. M. (1986). Understanding reactions to group instability in psychotherapy group. *International Journal of Group Psychotherapy, 36*(2), 241-260.

Holmes, P. (1983). "Dropping out"from an adolescent therapeutic group:

a study of factors which may influence this process. *Journal of Adolescence, 6*(1), 333-346.

Kanas, N. (1985). Inpatient and Outpatient Group Therapy for Schizophrenic Patient. *American Journal of psychotherapy, 39*(3), 431-439.

Kotkov, B., & Meadow, A. (2001). Rorschach criteria for continuing group psychotherapy. *Group*, 324-333.

Leopold, H. S. (1976). Selective Group Approaches with Psychotic Patients in Hospital Settings. *American Journal of psychiatry, 30*(1), 95-102.

Lewin, K. (1964). *Field Theory in Social Science*. New York, N.Y.: Harper and Brothers.

Lothstein, L. M. (1978). The group psychotherapy dropout phenomenon revisited. *Am J Psychiatry, 135*(12), 1492-1495.

Murphy, J. F., & Cannon, D. J. (1986). Patient selection and preparation techniques. Avoiding early dropouts. *J Psychosoc Nurs Ment Health Serv, 24*(9), 21-24, 26.

Piper, W. E., Debbane, E. G., Garant, J., & Bienvenu, J. P. (1979). Pretraining for group psychotherapy. A cognitive-experiential approach. *Arch Gen Psychiatry, 36*(11), 1250-1256.

Sampson, E. E., & Marthas, M. S. (1981). *Group process for the health professions*. New York, N. Y.: Wiley.

Schachter, S. (1951). Deviation, Rejection and Communication. *Journal of Abnormal and Social Psychology, 46*(1), 190-207.

Spitz, H. I. (1984). Contemporary Trends in Group Psychotherapy: A Literature Survey. *Hospital & Community Psychiatry, 35*(2), 132-142.

Stone, W. N., Blaze, M., & Bozzuto, J. (1980). Late dropouts from group psychotherapy. *Am J Psychother, 34*(3), 401-413.

Wachtel, P. L. (1982). *Resistance: Psychodynamic and Behavioral Approaches*: New York, N. Y.: Plenum.

Yalom, I. D. (1966). A study of group therapy dropouts. *Archives of General Psychiatry, 14*(4), 393-414.

Yalom, I. D. (1983). *Inpatient Group Psychotherapy*. New York: Basic Books.

Yalom, I. D. (1985). *The theory and practice of group psychotherapy*. New York: Basic Books.

Yalom, I. D., Houts, P. S., Newell, G., Rand, K. H., & Alto, P. (1967). Preparation of Patients for Group Therapy: a controlled study. *Arch Gen Psychiat, 17*(1), 416-427.

Yalom, I. D., Houts, P. S., Zimerberg, S. M., Rand, K. H., & Alto, P. (1967). Prediction of Improvement in Group Therapy. *Archives of General Psychiatry, 17*(1), 159-169.

# 第七章　團體心理治療的倫理實踐

## 學習目標

1. 指出倫理的實踐性意涵。
2. 認識團體中他者與自身的關係。
3. 了解團體中的對話與言說。
4. 明白團體互動情境中的非對稱關係。

## 摘　要

　　倫理關注的是人與人之間的關係，具有實踐性。團體互動之中，更是在人際相處不斷抉擇的處境中給出意義，建立倫理的知識。本文分別由「面對他者，檢視自身」、「承認無知，邁向無限」、「對話與言說」、「非對稱關係與第三方」四個層面，加以探討團體治療的倫理實踐。

## 關鍵詞

團體治療、倫理實踐、對話、言說、非對稱關係

　　倫理的本質是實踐。倫理學的知識不是一個理論知識，是由經驗累積而來的知識，屬於處境知識（situational knowledge）。道德感的產生是源於當時的具體處境，不能憑空或是論證去了解道德，人只能在不斷抉擇的處境中給出意義，逐漸累積對道德的了解（陳榮華，1998）。因此團體心理治療的倫理實踐，除了考量處境中的規範，也要省察情境互動中的抉擇。

　　國際團體心理治療學會（IAGP）於2009年8月完成制訂「團體心理治療專業標準與倫理指引」（Ethical Guidelines and Professional Standards for Group Psychotherapy）（IAGP, 2009），並於2012年完成「組織發展與團體諮詢的倫理指引」（Ethical Guidelines for Organization Development and Group Process Consultants）（IAGP, 2009），都是屬於執行團體心理治療所需考慮的外在規範。除這些外在規範，處於團體治療的現場也要省察自我。當我們在弱者身上，看到自己的責任，是內在的自我期許。他者（other）的存在，制止我無限的「占有欲」和「權力」（孫向晨，2008）。本文分別由「面對他者，檢視自身」、「承認無知，邁向無限」、「聆聽與言說」、「非對稱關係與第三方」四層面探討團體心理治療的倫理實踐。

## 一、面對他者，檢視自身

　　他者的面容或臉（face），一方面是一種請求，表達需要，賦予我提供他所需要服務的自由；另一方面，「臉」是一種權威，揭示「不可殺人」的誡命（Levinas, 1969）。「臉」除了表示請求與命令之外，也寄寓著感受，銘刻著生命，代表著個體性（唐捐，2012）。他人面容呈現在眼前，質疑自己對他人

僵化（stereotype）的理解，或是將他人視爲滿足自己的事物（thing），加以掌控。當他人的臨在，異於自己原有的判斷，開啓自我質疑之路，良心被動地由他者誘發。基於人類的自省（introspection）能力，由他人的面容，可以體會到其未說出的要求（unspoken claim），將他者的要求納入自身，進行內在省察，不再只是停留在舊有的習慣，而採取合宜的情感態度（passion）（Logstrup, 1997）。

當今的心理學強調自我認同或是掌控環境滿足個人需求，忽略對人性中眞誠給予（authentic giving）的理解，一種超離個人需求的徹底利他（radical altruism）（Kunz, 1998）。人性中內存的徹底利他性，讓人由「自我理性的命令」轉爲遵從「他者面容的命令」（張鍠焜，2007）。由他者面容帶來的提醒，顯示於德瑞莎修女的「在別人的需要裡，看見我的責任。」我的良心是由他者誘發，出現對他負起責任的美德，良心的受動性，如單國璽樞機主教的「愛在背後催促我」。這精神不是自己主宰，不是自身引發的自由，而是受到他者的命令（Kunz, 1998)，我被他者的需要所激發，而能主動給出愛的能力，是被動中的主動性。

團體帶領者的自我省察，可使自我限定自身，避免任憑個人欲望的驅使與主宰，致使道德能力無法發揮，不能產生正確的選擇（陳榮華，1998）。團體進行中，帶領者選擇「檢視自身、信任團體」的態度（蔣欣欣，1996），在團體中的靜默，不是空無，而是謹慎地檢查自己的欲望，檢視自身的依據來自他者的面容，包括協同督導者、個人過往的經驗、當下成員的行爲（Chiang, Tseng, & Lu, 1997）；信任團體，不是放縱團體亂無章法的散漫無題，是需透過用心聆聽那自然發生的事件，讓團體成員的對話，自然銘印在

心，並聽出其意義（陳榮華，1998）。承受不預設主題的風險，由被動地傾聽中，主動地發展出引導與自律的能力。

## 二、承認無知，邁向無限

人的存在常處於一種固守自我的生存形態，總是試圖掌控、理解我們所獲悉的，產生一套自我持存的固著觀點與生命經驗（Kunz, 1998；張鍠焜，2007）。醫療專業的養成教育，努力追求知識，避免不確定，期能掌控促進健康，時常試圖以有限的自我，規訓無限的他者。實際上，不確定感（incertitude）是溝通的基礎，唯有從封閉的確定與自信，經歷自己的軟弱與無能，產生質疑與猶豫，才有向他者開放的可能（梁孫傑，2009）。

承認無知是對原初經驗的否定、失望與承認原初經驗的有限，不固執獨斷於目前的一切，才能放眼朝向無限自由開展，產生新知識。團體中經驗的激盪，不只是在證實自己的預期，更重要是體驗到新的經驗，真正的經驗是新知識的降臨（陳榮華，1998）。在自身與他者來回往返的經驗流，人們先以自己的處境去了解對象，再根據對象省察自己，排除成見，又再次了解對象與自身。透過行動（action）、反應（reaction）、互動（interaction），使得團體內與團體外的經驗相互激盪，彼此共創新的生命格局。

團體治療的情境裡，團體帶領者常被期待成為解決人生問題的智者，但實際上對當事人困境所知有限。承認一無所知，認清自己並不能治癒（cure）他人，只能營造促進成長的情境，活化成員面對與處理自身困境的能力（Foulkes, 1991），才能讓彼此進入一種無限（infinity）的經驗。過程中，團體帶領者不是滿足自身的需求，不是理解、掌控、利用他者，而是追求徹底為他者的欲望。如

果將他者化約爲自己的想像，就無法眞正認識他者，永遠處在有限自我的封閉狀態；唯有面對他者，讓他者成爲他自己，才能趨向於自由、豐饒的境地（張鍠焜，2007）。

　　承認自己的有限性，僅反映所觀察的態度，呈現在一次精神科病房實習的團體討論，當學生問到：「爲什麼要把病人關在病房裡？」帶領者聽出，此疑問具有表面與深層的意涵，問題的表象是學生們質疑病房的管理政策，問題的深層意涵是一種存在的處境。對表象意涵的討論，並不能豐富學習經驗；對深層存在處境又是難解的議題。只好承認無知，嘗試捕捉此提問的深層意涵，當時僅能陳述自身的體驗，「我們不是都被關在這裡（病房）？」當帶領者如此回應，卻引發學生們內省個人經驗，解開過去實習經驗的心結，發現「不理解爲什麼每天要那麼緊張，如果能想另一面，可能就不會那麼痛苦了。」（參考第十四章）

## 三、聆聽與言說

　　言語是團體治療中重要的媒介，包括傳遞著約定俗成的「所說」（said）與當下引發的「言說」（saying）。「所說」，是團體成員說著符合社會價值的人生道理或目標，這些話語，像是教條般的給人壓迫或是無關痛癢。「言說」，是當下被他者喚起而生，能夠與他人之間產生共同臨在的感受（Kunz, 1998）。言說不僅是傳遞訊息，也是我對他的款待，宣告「我在這裡」，即我對他的責任。因此對他者的態度，不只是回應（response），並且是責任（responsibility），可以朝向無限的心靈成長。在言說中，我們不僅傾聽他者的聲音，肩負對他者的責任，同時展示爲他者的主體（孫向晨，2008）。

團體當下有感而發的言說，建立人與人之間的連結，認可每個人的情緒與觀點，他人不再是自己害怕或是欲求的對象，消除對人的成見或是投射，相互關照，開啓同感之路。同感不是將他人化約成自己的「複本」，也不是將他人視爲自己理解的對象而已，他人是「召喚」我的一個對話者（interlocutor），「我」是一個動作的承受者（被動），是一個召喚的應答者（主動）（孫向晨，2008）。

團體過程中，所說與言說是交互的流動著。當團體某些成員們七嘴八舌的評論某位成員行爲的恰當性，是進行著某種價值論斷（所說）。此時，帶領者離座，起身邁向沈默者，走到每位沈默者的面前，分別致意，試著聽到弱小者比沈默更小的聲音。他的移位，打斷團體原有的喧嘩。當論斷他人成爲團體對話的主流時，帶領者聽出團體的這種脈動，將規範式的「所說」，轉化爲給出意義的「言說」，使成員注意到「爲他」當下出現的言語行動（言說）。帶領者以其身體行動將團體中的所說轉化爲言說，中斷團體的七嘴八舌，進入深刻生命經驗的分享（蔣欣欣，2009）。他的態度（身教），提醒團體（團體帶領者）需要「專心致志地預備心靈的耳朵，以承載那未被說出的呼聲。」（鄧元尉，2006）聆聽不在感官的、實際的、物質的層次，而是理念的、意義的層次（陳榮華，1998）。

## 四、非對稱關係與第三方

倫理態度的發展，是需要承認彼此之間絕對的不同，處於一種非對稱性（asymmetry）狀態（Levinas, 1969）。治療者是知識與技

術擁有者，個案是落實知識與技術的決定者，彼此之間存在著非對稱關係。此關係中，每個人都有強項與弱點。人性中，面對他人的弱，產生「不忍人之心」，這種惻隱之心是仁德的根本（林憶芝，2000），他者具有優先性，我們都對其他的每個人負有責任，同時，由於他來到我的眼前，甚至我比所有其他人負有更多的責任。

　　非對稱性倫理關係，需要以第三方（third party）立場檢視彼此。注意到他人賦予我，給與我提供服務的機會與自由，滿足我服務他人的欲望。提供服務，不是自以為是的利他，而是在自我質疑（self-skepticism）（孫向晨，2008），了解對方的存在是不同於自己的想像，允許對方呈現他自己，產生省思型的關懷（reflective caring）（Chiang, Lu, & Wear, 2005）。特別是當人性被權力的欲望所遮蔽，更需要由第三方進行檢視（Kunz, 1998）。第三方也意味者一個社群（community），一個保有多元性的共同體（Levinas, 1969；鄧元尉，2009）。

　　團體的帶領者或是團體本身，具有第三方的功能。帶領者於過程中，時常深思「這個互動表象（問題）的深層意涵是什麼？」「現場自身的內在經驗是什麼？與過去的關聯是什麼？」經過這樣的自我質疑，產生等待時機，由外在與內在第三方的互動中，創生出新的體認。讓經驗的意義，被他者源源不絕地創造出來，這是負起責任的人性。

## 結語

　　團體帶領者在追求更好的道路上，從最具體、最平凡的實作經驗中，提煉出智慧，幫助我們超越存在，重新找到生活世界中的

意義。「面對他者，檢視自身」顯示，他者提供我自身一個省察的素材；「承認無知，邁向無限」指出，接受經驗中的不確定性，才能開創生命的無限發展；「聆聽與言說」提供思考團體中話語的意涵；「非對稱關係與第三方」說明另一種觀看的角度，以避免封閉的教條體系、混亂的直覺。

　　由「面對他者，檢視自身」與「非對稱關係與第三方」，保持警醒的態度，由「承認無知，邁向無限」與「聆聽與言說」，重視他者的立場。團體帶領者的警醒與重視他者的態度，促進團體的對話。保持這樣的倫理實踐，不僅使個人找尋自己安身立命的基礎，也促進相互之間生命經驗的轉化。

## 自我評量

1. 指出您在團體互動中，他者對自身態度的影響。

2. 說明承認無知與邁向無限的關係。

3. 請指出團體中所說與言說的現象。

4. 描述團體互動在相互關係中，所呈現的第三方現象。

## 參考文獻

林憶芝（2000）·孟子「不忍人之心」釋義·*鵝湖學誌*，25，
207-243。

唐捐（2012 年 4 月 4 日）·有臉的香腸·*聯合報*副刊。

孫向晨編（2008）·*面對他者：萊維納斯哲學思想*·上海：三聯書
店。

張鍠焜（2007）·勒維那「為他」倫理學及其德育蘊義·*教育研究
集刊*，*53*（3），67-92。

梁孫傑（2009）·要不要臉──列維納斯倫理內的動物性·於賴俊
雄編，*他者哲學*（241-293 頁）·台北：麥田。

陳榮華（1998）·*葛達瑪詮釋學與中國哲學的詮釋*·台北：明文書
局。

楊儒賓（2009）·無盡之源的卮言·*台灣哲學研究*，6，1-38。

蔣欣欣（1996）·自我與團體──團體治療在護理領域應用之自我
案例分析·*中華團體心理治療*，*2*（2），3-11。

蔣欣欣（2009）·團體過程中沉默者的言語·*中華團體心理治療*，
*15*（4），15-26。

蔣欣欣（2010）·生物醫學化中護理照顧之反思：以母血唐氏症篩

檢爲例‧*護理雜誌*，*57*（6），18-23。

蔣欣欣、陳美碧、許樹珍（2003）‧小組教學團體的對話與關懷‧*應用心理研究*，18，207-225。

鄧元尉（2006）‧*暴力與和平：列維納斯的道德形上學及其政治蘊義研究*（博士論文）‧台北：國立政治大學哲學系。

鄧元尉（2009）‧列維納斯語言哲學中的文本觀‧於賴俊雄編，*他者哲學*（121-155頁）‧台北：麥田。

Anthony, E. J. (1991). The Dilemma of Therapeutic Leadership: The Leader Who Does Not Lead. In S. Tuttman (Ed.), *Psychoanalytic Group Theory and Therapy*. Madison, Connecticut: International Universities.

Cassell, E. J. (2004). *The nature of suffering* (2 ed.). Oxford: Oxford University Press.

Chiang, H. H., Tseng, W. C., & Lu, Z. Y. (1997). The mirror phenomena in clinical group supervision for psychiatric nurses. *Proceedings of the National Science Council Part C: Humanities and Social Sciences, ROC(C), 7*(3), 363-370.

Chiang, H. H., Lu, Z. Y., & Wear, S. E. (2005). To have or to be: ways of caregiving identified during recovery from the earthquake disaster in Taiwan. *Journal of Medical Ethics, 31*(3), 154-158.

Foulkes, S. H. (1991). *Introduction to Group Analytic Psychotherapy*. London: Maresfield.

IAGP. (2009). Ethical Guidelines and Professional Standards for Group Psychotherapy, from www.iagp.com.

Kunz, G. (1998). *The paradox of power and weakness: Levinas and an*

*Alternative Paradigm for Psychology.* Albany, New York: State University of New York Press.

Levinas, E. (1969). *Totality and infinity: an essay on exteriority* (A. Lingis, Trans.). Pittsburgh, Pennsylvania: Duquesne.

Logstrup, K. E. (1997). *The ethical demand.* US: University of Notre Dame Press.

# Part 2

# 技術篇

# 第八章　團體互動的鏡照現象

**學習目標**

1. 認識團體中的鏡照。

2. 指出鏡照的機轉。

3. 運用鏡照的技術。

3. 了解良性鏡照的情境。


**摘　要**

　　團體中的鏡照，具有促進自我的覺察與轉化的功能。本章將分別說明：鏡照的意義、鏡照的機轉、引發鏡照的方式、透過鏡照的自我覺察、孕育良性鏡照的情境。使自我轉化的鏡照機轉是，由觀察他人與回顧個人經驗，得以反身涉入回復自身；引發團體鏡照的技術，包括等待時機、善問，及引發體知（角色扮演）。


**關鍵詞**

　　鏡照、團體互動、自我覺察、自我轉化

　　團體的鏡照反應（mirror reaction）是團體具有療癒性的重要元素功能。團體中，由每個人的身上，都可以發現自身的影子，處於團體就像是在韻律教室，牆上都是落地鏡，我們由落地鏡反照出來的影像，修正自己身體的姿勢；在團體中，由每個人呈現的不同面相，照現自身，透過人性「見賢思齊、見不賢內自省」的自然性質，促進自我的覺察與轉化。

　　爲了深入了解鏡照的作用機轉，本章將分別說明：鏡照的意義、鏡照的機轉、引發鏡照的技術、透過鏡照的自我覺察及孕育良性鏡照的情境。

## 一、鏡照反應的意義

　　我們每天清晨梳洗或是外出之前，不免都會走到鏡子前面整理自己。這種有形的鏡子，讓人調整自己的服裝儀容；另一種無形之鏡，是人生道路上終身學習的重要法門。有如唐太宗以鏡子的比喻理解治國之道：「以銅爲鏡，可以正衣冠；以古爲鏡，可以知興替；以人爲鏡，可以明得失。」莊子提到人我的關係是相互依存的，「非彼無我，非我無所取。」Cooley提出他人是自己的「鏡中自我」（looking-glass self），認爲每個人對自己的知覺，是來自於他人的反應，這個過程中包括：

　　(1) 想像我在他人心目中的形象；

　　(2) 想像他人對此形象的看法；

　　(3) 根據「別人對自己的看法」，產生自我的感覺，如自貶、自卑、驕傲等（Cooley, 1909）。

　　鏡照反應意指經由團體不同成員互動的過程，個人可以從別人身上發現從未被自己注意到的，或過去一直被潛抑部分的自我，

也可能由他人對自己的反應發現自己新的部分。團體的鏡照反應，就是透過「鏡中自我」的作用。團體治療的帶領者或是參與成員，可以在「以人爲鏡」的作用下，對自我功能進行調整（Foulkes, 1984）。人際互動的團體治療學派將此現象稱爲內注性的人際間學習（interpersonal learning－input）（Yalom, 1995），如「團體讓我學習我在別人心目中的印象」、「其他成員坦誠的說出對我的看法」。心理演劇中以替身（doubling）呈現鏡照的作用（Pines, 1984）。

　　身爲團體帶領者，處於團體之鏡時，需要能讓心智清明地呈現事物，不抵抗，也不迎合。也任物去來，不留痕跡。才能不勞神傷，不爲物所損，這即是《莊子》〈應帝王〉篇的「用心若鏡，不將不迎，應而不藏。」團體是一面鏡子，目的是照現自身，鏡照現象讓我們了解在團體中，不在論斷他人，是在面對他人的過程中，自然回返自身。一位參與團體的學員，是如此描述其經驗：

　　有時候，越是伸手向別人的內心探去，有時會詫異地碰到自己內心柔軟的那塊地方，像是不小心碰到剛結痂的傷口，會被突然的一陣刺痛給嚇到，但更不舒服的是那久久不散的隱隱作痛。曾聽說，人們其實會想在別人的眼中看到自己，可是當自己被映出來時，又有幾個人不會被自己真正的模樣嚇到？

## 二、透過鏡照的自我覺察

### ㈠ 自我概念

　　一個人對自己的看法，是隨著個人的成長與生活經驗而有

不同。成長過程中，由初生時不能區別自身與周遭的未分化狀態
（non-differentiation），藉著其視覺、觸覺、身體活動等神經肌肉
骨骼等系統的發展，逐漸認識自身與環境的不同，並與環境中人物
建立客體關係（object relation），重視別人對自己的看法，納入社
會的道德規範，形成個人的價值系統。

　　自我概念有時被稱為知覺的自我（perceived self），人根據自
己知覺的事實而反應，不是根據別人所見的事實去行動。對於個體
行為的探究，應該由行動者本身的觀點去了解，不能由旁觀看的立
場妄加評鑑。

　　知覺自我的形成，受到環境中他人的影響，特別是與自己關係
密切的人，Sullivan則稱之為重要他人（significant others），成長中
的貴人，可能是親友、同事，或是對自己有所啓發的人物，通常個
體依據自己認定「重要他人」的褒貶，形成對自身的反映性評價，
但是自我又是具有絕對的自由意志，選取所需的重要他人觀點。

　　自我概念的建立是一種內在的作用，不僅受到外界人物的影
響，同時本身的身體結構與功能的缺損，自我系統的不和諧，角
色的衝突都會改變其自我概念（蔣欣欣、余玉眉，1982）。身體
（body）與心理（mind）的相互影響，有些時候作用方向是向心
的（centripetal）身體器官變化，造成自我心理的改變；有時是離
心的（centrifugal），即自我心理的變化，影響身體的功能，前者
多為器質性的病變（organic disturbance），後者多為心因性的病變
（psychogenic disturbance）。但是疾病的發生是向心、離心兩個方
向不斷地遊走著，很難判定疾病是獨屬於某一方向的，因為人的心
理與身體是分不開的。生理的病變，情緒的衝突，使身體心像出
現負向的改變，若能受到適當的照顧，是可以重建產生正向的自

我形象，我們對自己身體的態度，是受周圍人物的影響，經由別人的態度行為所得到的經驗，會修改自己的身體心像，這是一個認同（identification），appersonalization與模仿（imitation）的過程（Schilder, 1999）。每個人都期望自己在任何時、地，都能夠適當地表現自己（控制自己的功能與行為），假若無法掌握自己，就會產生挫折感，認為自己是失敗的，沒有價值的。

### ㈡ 團體鏡照的自我

普通的鏡子映照出我們的面容，讓我們知道如何修正自己的外貌。以人為鏡，協助成員更清楚地看見自我。一個人在與其他團體成員的互動之中，看見自我，或部分的自我映照。當人們更清楚地看見自己，就擁有改變的潛力，這樣的潛力不僅在於改變他們的外表，同時包含他們的內心以及人際間的面向。

鏡照現象在人際間的層面，又稱為「私人之鏡」（private mirror）（Pines, 1984）。鏡照現象能產生作用，需要自我內在的運作，採取開放性的態度，接納外在的訊息。在改變自我的過程，是讓潛意識中被擱置的過往經驗（記憶），被當下的情境喚醒，於議題討論時表現出來，透過探問，角色轉換，創造一個新的心智表徵（mental representation）。如果個人內在，仍處於缺乏安全感的狀態，像是白雪公主故事裡的皇后，過於自戀，只要魔鏡告訴她，自己是世界上最美的人。結果，不只對自身無益，也傷害別人，使鏡子喪失促成自我調整的功能。

## 三、產生鏡照的內在機轉

團體中的鏡照現象，可以幫助帶領者與成員清楚自身的處境。

如果是內外圈團體，更利於鏡照現象的作用，以下使用精神衛生護理人員組成的督導團體的案例作說明。內外圈團體的內圈是護理人員帶領病人的治療性團體，外圈是督導者與其他學員共同擔任觀察員的團體。外圈的團體在結束治療性團體後，與該次的團體帶領者進行督導團體的討論，呈現相互映照的關係（Chiang, Tseng, & Lu, 1997）。此現場督導的團體，由兩位督導者及四位學員組成，四位學員兩人一組，分別帶領病人組成的治療性團體。

　　鏡照的內在機轉，來自觀察他人的行動，以及回顧個人過往經驗。督導團體中由兩位督導者共同主持，彼此互為鏡像；此外，督導者個人內在經驗，也是鏡照的素材。

## ㈠ 來自他者的鏡照

　　團體督導者觀察學員帶領住院病人團體時，透過同事（協同督導者）態度的鏡照，處理自身內在的衝突。自己內心衝突來自，一方面想插話，打斷團體運作，直接提出意見；另一方面約束自己，不可干擾團體進行，正值坐立不安且充滿自我矛盾之際，觀察到同事的態度。有位團體督導者在第五次的活動這樣形容她的經驗：

　　　我有些時候是沈不住氣，會有看不下去的感覺，可是我看到CO（協同督導者，Co-supervisor）還可以繼續看下去，那對我就是一個提醒，我從他身上來提醒我自己，為什麼他可以，我為什麼不可以，所以就改變自己。決定應該將我的精力放回團體，而不是讓紊亂的思緒擾亂我。

　　在督導團體結束後，兩名團體督導者討論彼此的感受，發現彼

此在團體對話的不同階段中，他們都經歷自我矛盾的心境，也都透過觀照對方，限定自身。

團體督導者之間，透過相互映照，避免斷然的評論，而能靜觀其變。

### ㈡ 來自過往經驗的鏡照

過往經驗的出現，就像一面明鏡，幫助督導者體察學員正在經歷的。團體治療現場某個令督導者感到困頓的片刻，喚起其類似的回憶，經由對過去經驗的觀照，可以找到當下引導成員的方法。

傳統的教導，總是習慣對出現的問題，直接給答案或是給建議。一位督導者認為團體督導，不同於一般的課室教學，需要引發學員的身體感知。因此，當正思考該如何促發成員的行為改變時，過去被督導時，外在的批評指責，內心的受挫與防禦，霎時湧現；回顧閃過腦海的影像，問自己：「我要讓過去的那個經驗，重現在這個團體中嗎？」如此捫心自問之後，懂得以等待的心，取代想要教導的欲望。

## 四、促成鏡照的方式

以團體成員互動，引發其觀照自身的方式，有以下三種：等待時機、善問，及引發體知（角色扮演）。

### ㈠ 等待時機

團體帶領者，可能覺得某個議題需要討論，但是當時直接提出，可能太具脅迫性的，或是議題尚未成熟，無法引起討論的興趣。此時，需先擱置議題，等待對話的時機，導入話題。

在第一次治療性團體，督導者聽到學員問病人：「誰是團體中

最不穩定的人？」想指出，這句問話好似找尋團體的代罪羔羊一般的不合宜。然而，當學員剛結束團體活動，尚未做好學習準備，不合適即刻提出建議。因此，這個話題暫時被擱置。

經過督導團體初期成員的相互鼓勵與信任的建立，之後，這位學員能自在地談論心情，主動說出對使用上述話語的疑慮。隨著她的提問，一位學員分享，她也有類似的困擾。團體督導者藉由這樣的關鍵時刻，引入了議題：「這樣的提問帶給團體的感受時什麼？」「有什麼其他方法能夠處理這樣的狀況？」誘發學員的討論。

## ㈡ **善問（再次提問）**

善問，是指在不同時間點，提出類似的問題，引導聽者深度地觀照自身。有時，提出的問題，無法在當下被理解，因此，在不同的時機，再次提出，或是以問代答。

在前兩次的治療性團體中，團體督導者觀察一位學員帶團體的身體姿態與音調。她身體向前傾，以較高頻率的聲調，急促地說話，顯露出焦慮的模樣。但是在第三次團體中，她卻是靠著椅背，平穩緩慢的語調說話，完全不同於前兩次的態度。督導者嘗試著引導學員注意她的轉變，先是詢問她：「你注意到自己這次帶領方式的不同嗎？」當她意識到自己不同時，但說不出是什麼。督導者就再次提問：「妳身體的感覺有哪些不一樣？」以協助她統合焦慮與身體感覺的關係。

接下來的團體討論圍繞在姿勢及情緒的議題，學員學會注意觀察聆聽身體語言，例如他們的手勢、身體的姿勢、語調，以及身體顯示出情緒狀態的跡象。

### ㈢引發體知（角色扮演）

　　這是指團體督導者順應團體當下的互動，營造體知的情境。當學員親身體驗，參與眞實關係的試驗行動，進入角色所處的情境，就能透過自身經驗的映照而學習。

　　某次督導團體，出現關於讚美別人的議題。有位學員提到，治療師應該要常稱讚病人。團體督導者，想要告訴學員，「讚美有時是給人負擔」的道理，但是言教不如身教。於是，以當下直接稱讚該學員的方式，營造角色扮演的情境，督導者在讚美之餘，同步觀察學員的身體反應。之後，提出當下的觀察：「我發現，當我稱讚你時，你卻用筆記本蓋住你的臉。當時你心中有什麼感覺？」她回答：「我覺得有一點尷尬。」督導者接續她的陳述，說：「當妳稱讚病患時，他是否也有同樣的感受？」在映照被稱讚的感受之後，團體督導者提出了問題：「當病患有正向的行爲改變時，如何給予病患恰當的認可？」從而，學員繼續的討論中，大家注意到，具體的認可（例如，直接描述觀察到的行爲），是遠勝於華而不實的讚美。

## 五、孕育良性鏡照的情境

　　鏡照要產生功能，是需要一個讓人感到自在安全的情境。團體，像母親一樣護持（holding）與承擔（containing）著成員的生活經驗，提供一個人際活動的基底（matrix）。人處於團體基底（group matrix），像是神經系統中存在的神經結，與周遭不斷的交換訊息。一個安全的團體情境，讓人願意冒險分享內在受創的經驗，放棄固有的自我保護，嘗試新的行爲。在不斷的探尋與滋養中，產生良性鏡照（benign mirroring），促進自我覺察。一個不安

全的氛圍，使用鏡照，可能使人感到畏懼、疏離，很容易反映消極的自我。

護持，是兒童精神科醫師Winnicott於1965年提出，源自對嬰兒成長中母子的互動，使嬰兒感到安全而勇於試探環境；承擔，則是團體治療者Bion 於1961年提出，指較大嬰兒遭遇挫折或衝突時，因為不能言語，經由母親代為說出心裡的苦惱而解困的母子關係。護持是看到需要而直接給予滿足；承擔則更傾向於無法提供需求時的承接與包容。前者多以非語言的方式呈現；後者多以語言方式呈現（Moss, 2008）。

督導團體承現的鏡照，促進學員自我覺察，願意冒著改變的風險，以共同帶領（co-therapy）形式的團體，不僅帶領者彼此之間，產生更多直覺激盪及相互學習，同時從鏡照的過程，促進透過他人的現身，提供從他人身上尋找自我的機會。團體週邊的觀察者，以第三者的立場，於團體結束後的討論，可以提供超越成員們角度的觀察，同時，觀察者也進入自己的內在經驗，進行自我觀照。

團體過程，提供學員身體的經驗，產生體知，回應到其實際工作的場域；同時，學員在督導團體中的身體動作，也映照出其在治療團體中的樣貌，使得不在現場的督導者，也可以了解學員的實際困境。督導團體與治療性團體之間，存在者相互映照的平行過程（parallel process）（McNeill & Worthen, 1989），督導者營造良性鏡照的情境，影響學員在治療性團體中促進良性鏡照的功能，讓善的意志，連綿不絕。

# 結語

在團體互動中，團體帶領者、團體的協同帶領者和團體成員彼此之間相互映照。團體之鏡，促進成員在團體過程中的自我覺察以及感受。團體帶領者自身由他人與經驗回顧得以反身涉入。團體帶領者的等待時機、善問，及引發體知的角色扮演，能夠在督導團體中引發良性鏡照。鏡照的過程中，透過當下情境的視、聽、思、動的知覺整合，過往的記憶被喚醒，在回返自我根源之際，自我也在前進發展我自身。由體驗的世界，開展出意義，形成知識。每個人，透過鏡照，都可以建構屬於自己生活世界的知識。

## 自我評量

1. 說明鏡照現象的意義。

2. 描述自己的鏡照經驗。

3. 分享自己促成鏡照的經驗

## 參考文獻

蔣欣欣、余玉眉（1982）‧自我不滿意識行為──一位婦科病人的
個案研究‧*護理雜誌，12*（3），303-306。

Chiang, Hsien-Hsien, Tseng, W. C. & Lu, Z. Y. (1997). The mirror phe-
nomena in clinical group supervision for psychiatric nurses. *Proceed-
ings of the National Science Council Part C: Humanities and Social
Sciences, ROC(C), 7*(3), 363-370.

Cooley, Charles H. (1909). *Social organization: A study of the larger
mind* (pp. 25-31). New York: Charles Scribner's Sons.

Foulkes, S. H. (1984). *Therapeutic group analysis*. London: Maresfield
Reprints.

McNeill, Brian W., & Worthen, Vaughn. (1989). The parallel process in
psychotherapy supervision. *Professional Psychology: Research and
Practice*, 20(5), 329-333. doi: 10.1037/0735-7028.20.5.329

Moss, E. (2008). The Holding / Containment Function in Supervision
Groups for Group Therapists. *International Journal of Group Psycho-
therapy*, 58, 185-202.

Pines, M. (1984). Reflections on mirroring. *Int.Rev.Psycho-Anal., 11*(27),
27-42.

Schilder, P. (1999). *The Image and Appearance of the Human Body: Studies in the Constructive Energies of the Psyche*. New York: International Universities.

Yalom, I. D. (1995). *The theory and practice of group psychotherapy*. New York: Basic Books.

# 第九章　團體分析取向的議題形成

## 學習目標

1. 了解形成團體議題的方式。

2. 認識自由聯想的討論。

3. 比較團體中「所說的話」與「說話行動」。

## 摘　要

本章分別以自由聯想的討論、團體的自發性、所說的話與說話行動、話題間共有的情感四個層面，陳述團體分析取向議題自然形成的方式。

## 關鍵詞

團體分析、議題形成、自由聯想的討論、自發性、情感

　　議題的形成多發生在團體治療的初期，不同理論取向的團體，形成議題的方也不一樣。團體分析取向的團體治療不同於結構式團體，是一種非結構式的團體治療。團體互動的議題，是在團體對話中，自然而然形成的。

　　其主張健康是主動地且創意地生活著，找到個人內在的平安。因此，團體運作是從自由的互動中，順應對話自然的發生，由不同的觀看角度，讓人能靈活地轉換視野，使生命自由地更新，達到好的動態平衡（Foulkes, 1991）。

　　結構式團體的運作由帶領者主導，事先規劃討論主題，較難產生個人的自發性與創造性。像是日常生活中，我們時常試圖主宰周遭的一切，企圖保存自我的穩定，容易對事物維持一套固著的觀點，無法產生新的啟發（Kunz, 1998）。

　　團體分析取向的討論議題，不是事前規劃的，是在團體互動當下自然生成，有點類似一般會議最後的「臨時動議」，是成員臨場自由提出。不同之處在於，此團體議題的自由提出，是在團體運作過程的初期就開始醞釀。團體帶領者開放自己的心靈，放下自身預設的立場，被動地等待，以一種沒有「我」，不去主導的無主體性思考，順應著對話脈絡地聆聽，不僅以感官的耳朵去聽，也不以個人先有的成心去聽，放下人我對立的二元思考，純然開放與接納的「聽之以氣」（陳鼓應，1999），是一種「放棄自己的主宰性，被動地接納事物；另方面卻要主動地超出事物個別性」的聆聽，不僅聽入言語，也聽出言外之情。基於這種無我，才不致堵塞對事物的關注，能夠在全然貫通中了解自身與事物合一的整體（陳榮華，1998）。

　　團體運作的現場，常出現很多無法預測的事物，即使是結構性

團體，也會出現非預期的話題。討論服用藥物的病友團體，提到親人衝突的話題，如果堅持只談藥物，就失去一個處理成員即刻需求的時機，無法開展生命經驗的無限性（infinity）（Kunz, 1998）。非結構性的團體，開放性的話題，雖然存在著不確定性，帶領者可能擔心話題的飛躍，但是每個話題的出現，必有它牽引的背景動力，細心體察，可以讓他者的話語，引發我內在的動盪，彼此在對話中往返來回，容易帶入更寬廣的生命經驗。

團體分析取向的團體心理治療，重視團體的互動現場，團體議題形成時，涉及自由聯想的討論，團體的自發性，所說的話與說話行動，話題間共有的情感，以下將分別詳述。

## 一、自由聯想的討論

自由聯想的討論（free-floating discussion）是源自精神分析的自由聯想（free-floating association）觀點（Foulkes, 1991）。後者是一對一的關係中，讓人開展個人的情感經驗；前者是在眾人對話相互激盪中，誘發個人的情感經驗。為營造相互激盪的自由氣氛，在團體初期，帶領者可以提醒成員專注個人當下的感受，將其化為意念，自由地脫口而出，不必考慮他人觀點或當下情境。在團體最初10分鐘，帶領者引導成員自由漫談。Foulkes（1991）在其書中直接敘述其引導語：

請大家直接說出此刻自己腦海中的景象，不必要求自己說出智慧的話語，也不需要配合他人的觀點，只是單純地描述自己當下的心境，此時不要進行討論。

　　團體心理治療師Giraldo（2009）形容這個過程，就好像你丟一個石頭在池塘裡，在水面引起漣漪，波紋就會不斷地向外擴展，成員只需丟出話語，讓話語在團體中自己運作（蔣欣欣，2009）。一般的團體運作或是團體治療，通常不會鼓勵這種獨白，但是團體分析取向卻是以獨白（monologue）為開場的重要階段，衍發自由聯想的對話（dialogue）與三人之間的論述（discourse），創造新的思維、意義與視野（Schlapobersky, 2000）

　　鼓勵成員以自由聯想的方式參與討論，旨在擺脫一些既存的生活框架，讓思想漫遊而產生自發與創意，若成員習於聽從團體帶領者的指示，難免會對沒有預定主題的對話感到而不安。曾經有位成員提到，在團體剛開始的階段，自己是很想退出的，後來發現，在自由聯想討論中，能夠讓自己遊走於不同的角色，有時是成員，有時是觀察者，有時又化身為帶領者，體會到思緒在不同立場中川流不息。在這樣的討論中，帶領者需處於清晰、覺醒之「冥思的寂靜意識」中，保持著「虔敬而專注」的靜默（耿寧、李峻、倪梁康，2009），引發成員發現無法由「專家」得到答案，就自然轉向內求取答案，一位成員曾經說：「當對主持人的期待落空，就會把責任歸到自己身上。」帶領者面對成員的處境，不提出詮釋，而是讓其在團體經驗互動中自然生發其個人的詮釋，觸發其個人內在的探索。一位成員如是說：「好像天馬行空，卻很有意義。」

　　自由聯想的討論可以應用於帶領精神科病人的團體，即以自由開放的方式進行，筆者在2012年心理治療的聯合年會，訪談福建省煤礦中心醫院林芳副院長，了解其負責該院心理衛生中心的開放式病房時，設計一個「無主題漫談」團體，每天晚餐後七點到九點由一位工作人員帶領病房中約30位成員，讓成員自由表達憤怒、哀

傷、喜悅等，再透過與團體中呈現不同面向的互動，逐漸找到自己
生活的方向，這就是一種自由聯想的團體運作。

## 二、信任團體的自發性

團體的自發性與團體帶領者態度有關，通常團體帶領者，容
易落入「專家」的角色，無形中成為團體的掌控者，忽略團體的自
發性。團體活動中，由帶領者事先擬定團體議題，議題常是帶領者
認為重要的，未必是成員當下想談論的。同時，當團體帶領者給太
多指導語，成員自然就聽專家的意見，不致力於開發個人內在的經
驗，失去學習對自己負起責任的機會。如同受到過度保護的孩子，
只會聽父母的，沒有鍛鍊自己的機會。唯有專業人員適度隱身，把
權力讓給成員，成員才比較能夠回到自己的內在，省察自己的需要
與方向。

為了讓團體產生自發與創意，帶領者要相信團體成員，不去干
擾團體運作，讓其可以自發地提出困境，在互動中找到方向。帶領
者自己雖然身在現場，但退居幕後，避免對主題與討論進行設限，
才能免除團體成員的依賴。自然的接納各種觀點，負起責任，發展
獨立能力。因此，團體帶領者放空自己的雜念，讓自己被動地為團
體所觸發，順應著團體的脈動，催化團體的議題。帶領者不是團體
主題的決策者，也不是問題的解答者，而是團體的僕人，順應著團
體的發展（follow the group's lead）（Foulkes, 1991）。

某個在日間病房舉行，談論家庭議題為主、為期12次的團體治
療，其第四次團體是在成員的爭吵與憤怒離席中結束。而第五次團
體的會前會議中，帶領者提到想接續上次的團體衝突事件，說出：

「上一次（團體）大家好像有些意見不一樣，好像有些不高興，這
一次大家不曉得覺得怎麼樣？」這樣的話語，說出帶領者的欲望，
主導性較高。若是以無主體性思考，放下自己，不主動以求知，只
開放自己，讓事物進來，在團體初期僅簡短的提到：「歡迎大家今
天來，今天大家想談什麼？」

　　此時，成員坐定以後很自然就說：「我們不要再談上次不愉快
的事情了！」上次被罵而離席的成員進來說：「我今天不談上次的
事情。」另個成員就說：「我今天來先講個笑話。」所以這次的團
體，就可以從一個笑話開始講起，在兩三個成員輪流講笑話後，被
罵的成員，忽然分享自己畫作被張貼的喜悅：「我畫的主題是：我
的家庭。」這時候另外一個成員就說：「那我來談談我的家庭。」
關於家庭的議題，就在團體的對話流中自然顯現。帶領者的接納與
開放，孕育出團體互動的自發性，讓討論議題自然地呈現，接著成
員自在地談著上次團體之後的情緒。

　　作為團體分析的帶領者，放下自己的執著，騰空自身，才有空
間納入周圍的事物，等待著團體的自發性，這種「虛而待物」的態
度（陳鼓應，1999），雖不容易，但是可以透過靜坐、每日撰寫工
作日誌、反思等鍛鍊自己的技藝，進行學習（Gormley, 2008）。

## 三、澄清「所說的話」與「說話行動」

　　團體議題的產生是基於言語的表達，但有時成員所說的話，常
是不知所云或是自說自話，難以在團體中引發共鳴。此時需要將這
些「所說的話」（said）具體化成「說話行動」（saying）。

　　人們的說話有兩不同層次，一是所說的話，另一是說話行動
（Levinas, 2000）。所說的話不是以當下的互動為主，傾向於自

說些個人的觀念想法，此話語是涉及說話者的潛意識，不關注當下的他者（通常是符合所處社會價值的規範性話語，例如「我們對他人要有同理心」，重述一些自己聽到的道理，與當下成員經驗沒有觸動或交流。）無法引起共鳴產生意義，屬於空洞的話語（empty speech）：只有當說話者依據當下互動，以自我實際經驗發言的說話行動，才出現引發對話的充實話語（full speech）（Dor, 1998）。

「說話行動」比「所說的話」較為貼近現場，是個體在當下感受到其他成員的存在或話語，覺得自己需要回應，感到有責任回應，真誠地有感而發，宣稱著「我在這裡」（here I am），因他者的面容呼喚出我的獻身（Levinas, 2000）。由於話語是被他者喚起而生的，與他人之間能夠產生共同臨在的感受，而不是像所說的話（said）那樣讓人感到受壓迫或是無關痛癢。

團體互動現場，迎向他者面容的我，不是像一個石頭或棍子，而是一個有生命力的吸納者，為他者而存在。面對他者的召喚，無法轉身離去，像是背負著沒有契約的債務，可以迴避，卻無法逃避。時常，他者不需要開口說話，他者的面容（face）似乎就對我表達，「不可以傷害我，幫助我。」而我的現身，是無言的陳述著「我在這裡，我聽到，我被你觸動。」（Kunz, 1998）在這樣的情境理，成員之間自然能夠產生彼此的關注。

治療性團體的帶領者，需要靜心凝聽團體裡交錯出現的這兩種話語，將規範性之所說的話（said）引導成現場性的說話行動（saying），助於促進互動的豐富性，對於較空洞的言語，請其以實際的經歷說明，例如成員提到：「我們不可以對他人無禮。」帶領者可以詢問：「怎麼樣事情是對他人無禮？」具有人事時地物的

描述，實景的再現，可以引發身體感，開啓彼此的聆聽與述說。

## 四、找尋話題間共有的情感

　　話題間共有的情感，容易成為團體的議題。這種情感的現身，有時需要引領，有時是自然而然的。

　　由共有的情感引領話題，常在團體初期或是成員的自發性較少時。某次在精神科病房實習的經驗性團體，一位同學提到自己心情的起伏，因病人夢到自己而開心不已，但又因病人說：「你還小，聽不懂我的心，你去忙你的。」而難過不止。另一個同學談到與（跳躍性思考）病人溝通的無力感。兩個不同的話題，一是被病人拒絕，另一是無法與病人溝通，兩者共同涉及照顧病人的挫折感。因此以「聽起來，照顧病人滿受挫的。」引出團體討論議題，探究照顧歷程中彼此的內在信念與價值。

　　共有情感話題的自然流動，常發生在成員彼此熟悉自在時，能由他人的處境，帶出的情感，在情感經驗的反照與往復回流，激發出另一種生命的眼光。某個經驗性團體，成員提到對好友未婚懷孕的操心，引發另個成員聯想到工作中時常由別人的生命故事，想起自己生活的悲苦。藉由團體中，為別人的苦而苦，或由他人的苦想起自身的苦，這兩方面苦的糾纏之下，就有成員直接點出：「這種情緒是我們這行的宿命，是我們自己的選擇。當一隻手伸出去太遠時，另一隻手要打一下它，提醒自己。」對話中為共有的苦難找到出處。

　　當談到團體中面對難搞的成員時，一位成員提到：「那個難搞的成員，不就是某部分的自己。」這個自發的論點，化解彼此對立的緊張關係，進而團體再談到：「某些成員的特質，其實我們都

有，只是他的濃度很高。」在共有的情感表達與承擔之中，消弭人我之間的分別心，以包容悲憫接納彼此。

## 結語

　　團體議題形成是團體治療初期重要的工作，不同的團體治療取向，各有其議題形成的方式。團體分析取向的團體心理治療，團體討論議題是由成員現場對話中，自然而然產生。團體本身具有內在生命力，促成話題的生長。維護團體內在生命力，以自由聯想討論的方式形成議題，信任團體的自發性，將所說的話具體化為說話行動，找尋話題間共有的情感。

## 自我評量

1. 比較結構式與非結構式團體形成議題方式之差異。

2. 指出生活中出現的所說的話（said）與說話行為（saying）。

3. 觀察一個團體活動中形成議題的方式。

## 參考文獻

耿寧、李峻、倪梁康（2009）·中國哲學向胡爾塞現象學之三問·
*哲學與文化*，*36*（4）。

陳鼓應（1999）·*莊子今註今譯*·台北：商務。

陳榮華（1998）·*葛達瑪詮釋學與中國哲學的詮釋*·台北：明文書
局。

蔣欣欣（2009）·團體過程中沉默者的言語·*中華團體心理治療學
刊*，*15*（4），15-26。

Dor, J. (1998). *Introduction to the Reading of Lacan: The Unconscious
Structured Like a Language*. NewYork: Other Press.

Foulkes, S.H. (1991). *Introduction to Group Analytic Psychotherapy*.
London: Maresfield.

Gormley, L. (2008). Through the Looking Glass: The Facilitation of Mir-
roring in Group Process. *The Journal For Specialists In Group Work,
30*(3), 207-220.

Kunz, G. (1998). *The paradox of power and weakness: Levinas and an
Alternative Paradigm for Psychology*. Albany, New York: State Uni-
versity of New York Press.

Levinas, E. (2000). *God, death, and time* (B. Bergo, Trans.). Standford,

CA: Standford University.

Schlapobersky, J. (2000). The language of the group. In D. Brown & L. Zinkin (Eds.), *The psyche and the social world* (pp.211-231). London, UK: Jessica Kingsley.

# 第十章 團體過程中的搭橋與即刻性

## 學習目標

1. 了解團體過程中的搭橋。

2. 認識團體互動中的即刻性。

3. 了解團體成員的阻抗現象。

4. 理解團體帶領者在團體中扮演的角色。

## 摘　要

　　本章旨在介紹團體治療中的搭橋與即刻性，以實地參與觀察的團體為案例，指出在團體互動當下，搭起團體成員互動之橋的方式，以及團體成員在團體中對當下即刻出現的阻抗現象，並討論團體帶領者的角色。

## 關鍵詞

搭橋、即刻性、團體過程

　　生活中，我們為了遙不可及的幸福而努力，常忽略了此刻的存在價值。人常活於過去與未來之中，卻未踏實的生活在現在。在團體過程中，我們需要經由體驗當下的掙扎，由此刻被勾起的記憶與當下的互動中整理自己，找出未來該走的路。團體的生存就像一個有機體，組成份子間能夠自在地表達和相處。如果有這樣的團體，就不需要帶領者的存在。在個別治療情境中，治療是針對個人，沒有考量到他人存在。在團體的情境中，如果引導成員彼此對話，等於引出一種強而有力的治療活動，即使是團體的沈默者，他此刻也正在凝聽中，對當下團體談論的議題產生個人的感受，回顧整理個人的生活經驗。因此，在團體中，重要的不是誰在說話，而是能聽入被說出的話語，是由聽者以個人的生命經驗詮釋其意義，使說者與聽者之間產生連結。搭橋與即刻性，即是讓團體成員之間在當時情境中，彼此產生關聯，使各據一方的個體凝聚成為具有生命的有機體（organism）。因此，本文將由實際的運作案例，探究團體中的搭橋與即刻性。

## 一、團體活動簡介

　　作者進入一個90分鐘的團體，以作為團體成員的方式參與觀察，在團體結束當日完成主要事件記錄，並對參與者事後訪談。為維護個人權益，以成員來自的不同地點作為代表，該次團體的主題是：「搭橋與即刻性：創造及維持團體進行的重要關鍵」（Bridging and immediacy：Essential Keys for creating and maintaining modern group process）。此團體在西元2000年於以色列舉辦，屬於第14屆團體心理治療國際會議的一個工作坊，由來自美國紐約團體研究中心（The center for the advancement of group studies）的Authur

Gunzburg、Martha Gunzburg負責帶領。她（他）們本身是一對異性朋友，團體中會對彼此的態度做回應，如：「我喜歡你的問題。」在團體剛開始時，成員覺得帶領者說太多話，帶領者Authur也回應團體的帶領者也會犯錯，帶領者的承認錯誤，讓團體成員能夠更自在的表達自己。此團體在一間擺設約20張空椅子的房間，進行90分鐘的活動，由於活動場地臨時更換，成員因尋找場地而有些延遲，最後參加成員有6位，分別來自華盛頓、波士頓、挪威、俄國、以色列、台北；其中4位已經結婚（1位新婚），1位離婚快1年，1位分居10年，男性1位，女性5位，都有帶領團體的工作經驗。文中以甲、乙、丙、丁、戊、己分別代表各成員。

## 二、搭橋（bridging）

搭橋即是一種搭起友誼之橋、促成團體成員產生有意義的對話（meaningful talk）、引發團員發展情感連接（emotional connection）的技術。目的在促成不同特質的人共同進入一個互動的團體，帶動團體的凝聚力，促進彼此的情緒能持續溝通，培養轉化與實際工作的關係。而架橋可用在下列情況之中：團體進展初期，過長的沉默，攻擊的處理，獨占者的處理，強勢的次團體，或顯現相同性、影響、及親密感的存在等。

關於團體帶領者採行搭橋的問話方式有三種（Ormont, 1992）：

(1) 開放式的詢問（opended questioning），例如：「大同，你對小麗噘起嘴唇的看法是什麼？」

(2) 直接的詢問（directed questioning），例如：「小芳，我猜你了解大同對你所說的內容感到不舒服？」

(3) 詢問成員對其他兩人互動的看法（questioning a member about an interaction taking place between two others）。

這樣由帶領者主動提問的搭橋，呈現於以下的團體互動中。

團體剛開始時，成員陸續進入場地，大部分人都選擇旁邊無人的位置坐下，後來甲選擇乙的身旁坐下，兩人在大家還安靜等待時開始聊天，團體準備要開始時，帶領者看到坐在她右側的甲、乙一直在聊天，就詢問她們兩人如何認識，以直接提問的方式，邀請坐在帶領者左側的丙移位至甲、乙旁邊的位置一起討論。這看似故意攪亂一池清水的架橋方式，實際上是團體動力運作的開始，因為丙表示不願意改變位置，乙後來在團體進展一段時間後，說出看到團體剛開始時，丙表達不想移動的不禮貌，接著丙就說到自己在生活中常害怕進入陌生環境，所以當時拒絕移動座位。之後團體談到面臨離婚的處境，丙能由自己受到乙直接指出自己態度的感受，說出乙可能在自己分居的婚姻關係中，也常如此直接指出先生的錯而讓人受不了。帶領者這樣詢問第三者的方式，在當下讓成員不舒服，卻能引發互動，成員在團體進展的不同時間中，經由搭橋，彼此關注與直陳，由團體中的互動方式，反省自己生活中的習慣。

實際上，此次研習會團體中呈現第四種搭橋方式，是由成員自然互動中形成。即讓成員自然成為橋梁搭建者（using group members as natural bridge builders）。此團體主要談到婚姻中關係的斷裂，在團體結束時，結婚30年的丙對新婚的丁小姐說，恭喜新婚，雖然今天談離婚，但婚姻是喜事，對方也回應：「知道團體中可以有30年的婚姻，真好。」此時，團體中的搭橋在他們自然的對話中出現，這種搭橋在團體結束前才出現，是成員彼此經過團體互動相互關注後，自然產生。帶領者故意攪亂一池清水的架橋方式，

就是第三種方式，即經由第三者的角度切入團體的對話。成員主動對彼此生活議題（婚姻）關注的談話，是第四種搭橋。當團體成員能夠彼此自在眞誠的談話時，也是帶領者隱身的時候。

## 三、即刻性（immediacy）

即刻性是注重團體的此時此刻，讓成員持續投身於此刻與他人的互動的經驗，這是綜合個人過去、未來或是團體之外事物的經驗於現況之中。能夠感受到處於當下的活力，這是經由認識自己在團體中的移情而察覺出個人內在的生活，對自身產生清明靈覺的醒悟。若是逃避面對移情，就是阻斷個體與自身和他人溝通，團體帶領者的角色，就是要解放出干擾溝通的能量，讓成員能自在的觀看、接納。

在此團體中，己成員由獨自來參加會議的孤獨，引發成員們談到獨身的自由，後來乙提到，自己與先生正在分居多年，是爲了孩子才能處在同一屋簷下，現在孩子已經14歲了。之後，甲小姐指出自己覺得有罪惡感，因爲在這裡都不會想家人，甚至考慮是否結束兩年的婚姻，最後團體即將結束前，帶領者詢問大家結束的意願，有幾位說可以，丙與戊則覺得仍有些話想說，還不能結束，帶領者詢問大家還需多少時間，就讓團體繼續5分鐘。其中戊小姐對於先前的團體中，在乙提到，因爲自己父母來自不同國家，所以自己會多種語言，同時，她也有困難說自己是哪裡人，戊就回應對她的感受：「當你進門時，我覺得你像一朵綻放的花朵，可是現在我知道你爲什麼這麼漂亮，因爲你有不同的文化在你身上顯現。」說完之後，戊觀察到乙雖然對她笑一下，卻又側過頭去，收起笑容，神情有些落寞。還不想結束的戊繼續對乙說出自己的感受：「在情

緒上，我很害怕離婚，因為我父母是離婚，因此，在小時候受到許多傷害，可是當我長大，很感謝她們的離婚。」（這一段訴說雖然是在敘述個人的經驗，但是也反映給成員中的有子女的離婚、分居者）此時，引導員問戊：「當時你幾歲？」戊想了幾秒，好不容易擠出一個數字：「10歲。」之後他說：「這是一種投射，你把自己投射成她（乙）的女孩。」說者聽了問道：「你的意思是我不需要擔心她。」請帶領者再描述一次，戊才發現，不想結束這個團體或對女孩（乙）處境的不放心，可能是來自個人內心深處那個受傷的孩子。戊能由此刻的對話，認出自己的移情，而覺察到個人內在的心境，這種在當下對自我的清明，就是搭橋與即刻性在團體中運作的效果。

有時成員對團體的即刻性會產生的阻抗（resistances），常出現的有三種阻抗（Ormont, 1993）：

(1) 生活在過去中（living in the past）。當一個人過度述說自己受害的過去經驗是一種逃避現在感受的方式，此時，帶領者需要反省，說者因何在此時被勾起過去的不愉快經驗，是自己或是此團體讓他（她）感受到類似的經驗？可以詢問當事人，是否他在這個團體中也感受到如此被對待，或是注意團體是否重複著當事人所抱怨的情境，而邀請團體在當時探討這種處境。

(2) 生活在未來（living in the future）。不斷訴說未來是逃避目前困境的方式，帶領者需要能清楚分辨直接溝通與未來型話語（futuristic talk）的差別，此時可引導團體釐清未來的允諾（如果你能……，我將……）與此刻真正談話的關係，是表示當下缺乏或期盼那種該有的關係。

(3) 生活在團體之外（living outside the group）。成員持續討論

他們團體之外的生活而不是目前彼此之間的關係，帶領者需要明白這是幫助團體了解此刻發生的情緒或是一種對團體當下事件的抗拒。例如，己先生提到他最近剛離婚，這是第一次自己一個人獨自旅行，感到孤單，這是談在團體外的感受，是否洩漏出此刻在團體中的心情。或是一個成員把她對另一成員在團體之外的觀察提出來，「（在會場上）我覺得貴國來的人都常一起行動，可是看你都一個人，為什麼？」後者說出自己對環境的好奇，「就像剛才戊先生，想要在此會議有不一樣的經驗，我也是如此，因此有時會有孤寂感，但我知道那是在學習時要付出的代價。」團體帶領者在聽了成員彼此的訴說後，反映出「獨自（being alone）與孤獨（lonely）是不同的」，就引起團員討論自己此刻處於團體中的感受。倘若，團體一直討論團體之外的事，就可能阻斷其進入此刻團體之中，不能經驗當下的感受與想法，就較難深切體認自己的生命經驗。

## 四、搭橋與即刻性的影響因素

　　經由團體帶領者的搭橋，促進團體成員彼此接觸，同時對即刻性的掌握，幫助成員認識自己。

### ㈠ 帶領者的主動性

　　這種引導團體的方式，在此次團體中，清楚呈現出帶領者的主動性、包容性，例如在團體之初，帶領者有意地讓成員移動位置，以及承認自己多言的錯誤。

### ㈡ 時機的掌握

　　關於搭橋的方式，雖然重點在引發成員互動，但是有時使用時機不對或是故意挑起不安，不僅無法讓成員感受到自在而能自由的

表達，反而引起團體的害怕而退縮。在本例中，儘管在團體初期，帶領者的言語干擾較多，然而其能隨時配合團體，調整自己方式的態度，讓成員感到安全，能夠自在說出意願及不舒服的感受。

### ㈢ 成員的參與

由於這種方法強調帶領者的主動角色，較不注意成員的立場。實際上團體進行的中後期，成員間彼此產生興趣後能夠主動搭橋。此團體中帶領者的過度主動，可能由於帶領者對團體初期沉默的不安，擔心長時間的沉默會讓成員感到無趣，甚至是不滿（Ormont, 1992）。此團體剛開始時，兩位帶領者為了避免沉默，就你一言我一語的彼此交談，使成員覺得受到帶領員多話干擾。帶領者對沉默的不安，帶出過多引導語的表現，無形中破壞成員在沉默中的內心思考。

## 結語

團體帶領者的理念，深深影響帶領團體的方式，以搭橋與即刻性處理團體的互動，是以團體此時此刻發生的事情，帶動團體議題的互動。帶領者搭橋以切入話題的方式，帶領者具主導性，包括(1)開放式提問、(2)直接提問、(3)向第三者提問、(4)以搭橋方式由成員形成話題。關於團體成員面對即刻當下出現的阻抗現象，是挑戰團體帶領者的機會，也是成員發生轉化的關鍵。團體帶領者相信團體能力（trust the group）的不同，使用搭橋與面對阻抗的態度也會不一樣，影響因素包括：帶領者的主動性、時機的掌握、成員的參予。帶領者若相信團體自有其發展的過程，而不是誤以為帶領者能決定團體的進展，也就是不帶有任何要求或先入為主的想法進入

團體，對於團體中的沉默就能有較多的理解；同時「勿企圖治療」
（Don't treat），也就是別將成員視爲病態而加以治療，而是讓其
成爲自己、成就自身（Campbell, 2000）。若是團體帶領者保持著
相信團體與不企圖治療的信念，或許可以減少對團體的干擾，造就
一個如母親的愛一樣的團體（group as mother），那是一種無言的
愛，一種沒有吵雜的關懷，一種不去干擾的爲他（她）存在。

# 自我評量

1. 說出促進搭起成員互動之橋的三種問話方式。

2. 指出三種阻抗的形態。

3. 陳述個人於團體活動中，經驗到的搭橋與即刻性。

# 參考文獻

Campbell, J. (2000). The dangerous present: Bridging past and future. *Group Analysis, 33*(2), 179-191.

Ormont, L. R. (1992). Involving the players- the technique of bridging. *The group therapy experience: From theory to practice*. (pp. 15-26). New York: St. Martin's.

Ormont, L. R. (1993). Revolving resistances to immediacy in the group setting. *International Journal of Group Psychotherapy, 43*(4), 399-418.

# 第十一章　治療性團體的運作與支持性方法

學習目標

1.了解住院病人團體之特性。

2.了解團體的運作。

3.認識帶領治療性團體的支持方法。

摘　要

　　治療性團體心理治療，需要考慮個案的身心狀況。安全的團體氣氛，促進個人的身心康復。本章介紹治療性團體的形成背景、住院病人團體的特性、團體的運作及團體中表達支持的方式。

團體心理治療是在有限時間內，由少數帶領者同時對多數病人提供服務，爲一種相當符合經濟效益的治療方式。住院精神病人的團體治療是在第二次世界大戰以後才興起，在1950年代抗精神疾病藥物的使用，使精神病人的住院天數顯著縮短，因此近幾年來開始著重短期住院精神疾病患者的團體心理治療（Yalom, 1983）。其中精神醫療小組成員包括醫師、護士、心理師、社會工作員等，均參予此種治療活動，對於短期住院的病人，團體帶領者的態度較主動，且以每個節次爲一獨立的過程，這是與傳統對長期病患的團體治療不同之處（Kanas, 1985；Yalom, 1983）。Kanas等學者指出，以領悟性爲導向（insight-oriented），並不適於急性精神患者，而應以互動爲導向的方式（interaction-oriented），著重治療過程中的相互支持與討論，使病人能在團體中學習表達個人情緒及學習與人互動的方法。

團體心理治療，應用於許多不同的專業中，如心理工作、社會工作、護理工作、精神醫療工作等（Marram, 1978）。對於住院精神病人的團體心理治療方式，Yalom在《住院病人團體心理治療》一書中提到，住院病人參與的治療性團體，常是由精神科護理人員帶領。文中也指出治療性團體帶領權的問題，能夠反映出許多工作人員之間的衝突（interstaff conflicts）（Yalom, 1983）。Marram認爲，護理人員擔任團體治療的帶領者時，必須具有特殊的領導技巧，而且須具備團體動力學及心理治療的知識；若擔任協同帶領者（co-therapist），主要是擔任支持性的角色（Marram, 1978）。

團體心理治療依參與者的特性與需要，可分爲不同層次，有的著重在潛意識的深層心理分析，有的重點在此時此地與人的溝通，人際間關係的詮釋等。多數尋求精神醫藥治療的患者，都經歷到人

際關係的瓦解，在這種情況下，會使人產生被拒絕、無價值、孤獨、不適當感等情緒；團體心理治療就是鼓勵團員與其他成員間的互動，以建立較成功的人際關係，解決他個人生活經驗中的問題和衝突，在此過程中，個案不只是增加對自己困擾的認識，同時也經驗到一種被支持及自我價值感的提高。有研究指出，參加團體治療的患者，如果住院期間在團體治療中經驗到正向且被支持的經驗，他們就比較願意在出院後，繼續接受門診治療。另外，也有研究顯示，無論是個別治療或團體治療，其正向的治療效果是與帶領者同感性與支持性的態度有正相關（Yalom, 1983）。

## 一、住院病人團體的特性

由於住院病人與門診病人的性質不同，帶領者處理病人團體心理治療的態度也不同，問題比較嚴重的病患才需要住院，近年來，由於抗精神疾病藥物的發現，能縮短精神疾病患者的住院天數。此外，病人住院時，遠離所熟悉的環境，經驗到個人的失敗與挫折感。團體的結構與規範大都需要帶領者安排，在這些情況下，帶領者在給予團體心理治療時，要考慮到病人可能只能參加一次的團體心理治療，就必須把握住這短暫的時間，採取較主動的態度，引導團員間的互動（鍾明勳、張達人，2003）；門診病人的症狀較輕微，容易由環境中得到所需要的支持，也比較可以維持較長時期的團體心理治療，因此帶領者的角色可以較被動（Yalom, 1983）。（見表11-1）

表11-1　住院病人團體與門診病人團體之比較

| 分　　項 | 門診病人團體 | 住院病人團體 |
|---|---|---|
| 時間 | 可維持一段長時間 | 較短，可能病人只參加一次 |
| 團體帶領者的態度 | 較被動 | 直接引導團體（directive leader）主動地支持團員 |
| 團體規範（group norm） | 藉著穩定的團員關係逐漸形成 | 由帶領者提供 |
| 團體結構（group structure） | 未明確指出所期望的行為 | 明確地訂出團體的結構及所期望的行為（clear external expectation） |

## 二、團體的運作

### ㈠ 個案的邀請

　　邀請個案參與團體，是團體帶領者事前籌畫的一部分，除了考慮團體的進行之外，也要注意到成員的需求。有的病人剛住院，症狀很明顯，未必適合參與團體，因此，團體之前，邀請病人參加時，需要從個人層面與團體層面進行考量。

　　1.在個人層面，邀請參加時，需要注意以下四點：

　　(1) 此團體是否適合個案參加？

　　(2) 此個案是否適合參加這個團體？

　　(3) 對個案來說，我是否為適合的治療者？

　　(4) 對參與者來說，團體舉行的時間是否合宜？

　　2.在團體層面，邀請參加時需要考量，包括：

　　(1) 成員間自我功能與發展的相似程度（同質）。

　　(2) 成員間人際或個性的歧異（異質）。

　　(3)「諾亞方舟」的原則（隔離的議題）。

　　同質性團體是由經驗背景相近的成員組成，基於成員間具有類似的經驗，容易促進彼此的理解，很快能進入討論主題，容易形成團體的凝聚力；異質性團體是由背景不同成員組成，團體互動容易形成多樣性，異質性團體，像是社會的縮影，可以有最大的學習機會。例如，不同年齡層的團體，就像一個家的組成，成員可以被投射像媽媽、爸爸、孩子，去學習體會不同的立場。

　　「諾亞方舟」的原則，是引用「諾亞方舟」的故事。諾亞在洪水來臨前，選動物進入方舟的時候，就會「配對」，是雙數。同樣的，我們在邀請成員的時候，不要落單，如果團體只有一位男生，或只有一位女生，這為唯一的個案常成為大家的焦點，或是成為團體的「代罪羔羊」。

　　個案邀請的事前說明也會影響成員的參與動機，邀請的方式，可以是口頭或文字，可以是個別或群體的方式進行說明，或是實際提供一次團體經驗，作為邀請參與此團體的方式。

## ㈡ **團體結構**（group structure）**的考量**

　　團體結構包括團體空間安排、時間的規劃、團體人數等。因為環境會影響人的安全感，空間的隱蔽性、安靜、空氣流通、光線、大小、位置設施等，影響團體的進行。如果，房間空氣不流通，冷氣的聲音很大，病人講話的聲音又很小，就很難聽清楚病人的話語。

　　團體運作的空間需要在一個平面上，階梯教室就比較不適合。因為階梯教室的座椅，是固定在地面，空間已被固定，無法自由運作。座椅的安排，以圓形為宜（圖11-2），圓形的好處就是沒有高

低位階之分，同時，成員可以看到彼此。大型團體是以同心圓的方式，圍坐在開放的平面空間裡。

如果是兩位帶領者一起參與，兩位的位置最好是避免鄰座，如果兩位坐在一起，成員認為這個位置是「回答問題區」，這個「回答問題區」強化成員要求答案的心態，失去成員自己思考問題的動力。成員容易認為只要拋問題給你，你就會回答。如果團體結構上，沒有「回答問題區」，大家都一樣有思考問題的責任，也一起想解決辦法。

時間安排，是依據團體目的或是成員特性、身體狀況決定。如果注意力不容易集中的成員，時間就短一些，約45～60分鐘，成員身體或是注意力較好時，時間可以60～75分鐘，或是到90分鐘。

團體成員數，依據團體目的而有不同，小團體是6～8人為宜，超過10人，容易影響團體內聚力。中型團體可以到30人左右，大型團體人數可以上百人。

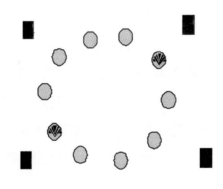

成員　⬡

觀察員　■

帶領者、協同帶領者　❀

圖11-2　團體座位結構圖

　　具有教育性質的團體，結構上可採內外圈團體觀察的方式，Yalom也介紹一種教育性質的團體治療歷程，參與者坐成同心圓（表11-2）。方式是，先由帶領者示範病人團體治療的進行，此時，團體外是觀察者的位置；結束後，由觀察者組成團體，形成「魚缸式會談」（10分鐘），帶領者與觀察者坐內圈，病人成為觀察者，在團體外圍；最後，由病人回應他們所觀察的現象。

表11-2　內外圈團體結構

| |
| --- |
| 1.病人團體會談（60分鐘）——觀察者坐外圈。 |
| 2.「魚缸式會談」（10分鐘）——領導者與觀察者坐內圈，成員坐外圈觀察。 |
| 3.病人回應觀察者（10分鐘）。 |

　　內外圈團體的方式也可用在教師帶領學生團體，第一階段的觀察員是病房護理人員，觀看教師與學生們之間的互動，第二階段的觀察員則由學生擔任。帶領者跟同事討論學生團體的內容，之後，請學生做一些回應。有一個令人印象深刻的回應，學生覺得教師們很用心思考他們的問題，因此也覺得自己要用心思考病人的問題。好像就是從這樣的鏡子，看到他自己要去做什麼，Yalom提到帶團體的時候，「魚缸式會談」及「病人回應觀察者」兩部分是最豐富的，也令人印象最深刻的。

(三)**團體內容**（group content）**的考量**

　　團體的結構是骨幹，團體內容是肌理，決定團體運作的品質。以團體主題內容區分的團體形式，有兩類：(1)結構式團體，是事前確定主題的；(2)非結構式團體，由當場討論內容產生團體主

題。一般而言，重視此時此地的團體，多為隨機而發的非結構式團體。

　　結構式團體，以「美國癌症協會」提供給癌症病人與家屬不同形式的支持性團體為例，其中一個是「我可以適應」（I can cope）團體，它規劃了十項主題，包括：認識診斷與治療、治療副作用、疼痛處理、情感的溝通、經濟議題、身心靈的和諧、社會資源、營養與運動、癌症的疲累感、自尊與親密關係。它屬於提供知識的團體，透過知識的提供，參與者交換訊息，彼此支持，可以改善生活品質。

　　非結構式的團體，團體內容無法事前規劃，較具有挑戰性，同時也可以更豐富。以這種方式帶領學生實習的團體，可以幫助產生體驗性知識，而非聽聞式知識。例如，在學生觀察病人團體之後的討論會，學生隨意提出自己的困擾，與同學討論之後，發現與病人相處之道是「聽他抱怨，不要做太多分析、建議。」

　　學生提到的困擾是，自己依照病人的問題提供建議，病人卻說：「你說的沒錯啦，不過……。」學生很生氣的說：「我每次告訴他答案，……我就是告訴他該怎麼做，可是他就是不聽。」在團體對話中表達出憤怒的情緒之後，學生也回顧自己的經驗，「其實我自己也是這樣，別人在給我建議的時候，我在問別人問題的時候，其實，我自己心裡已經有一些想法，別人在給我東西的時候，我其實也會像他這樣子。」經過這樣的觀照，找到處理的方式，「其實，有時我們對病人的抱怨，不必去做太多的分析與建議，病人會想辦法去經驗，自己會走過，我們只要去聽、陪伴他就好了。這就是他們的學習。」

　　一般深度的團體心理治療經驗，多半是非結構式的團體。

## ㈣ **團體過程**（group process）**的考量**

　　團體過程的發展是受團體動力（group dynamics）的運作。當大家聚在一起，由陌生到認識，逐漸產生共同的目標，這是團體內在形成的動力。也就是共同社會場地（social field）或生活空間（life space）的溝通與互動歷程；生活空間是受個人所處狀態及當時環境二個變數的影響，經過不同的拉力與驅力所形成的總結合力，決定個體的生活空間。團體中，每個成員有不同的生活空間，參與團體的原初動機也各不相同，團體當下的處境，也影響成員的參與。因此團體運作的過程，需要留意每位成員生活空間的交會與運作，也要考量團體本身的生命力。

　　依著團體成員關係進展，團體可以分成三個時期：開始期、工作期、結束期。開始期，大家不熟悉，需要彼此認識，建立信任感，因此提出或討論共同的團體規範。工作期，開始進入團體主題，結構式團體就介紹團體主題的內容，再依據預計的內容引導討論，團體變化較少；非結構式團體，在工作期包括提出議題與討論議題兩階段，由於內容不是帶領者所提供，討論內容豐富性較大。結束期，則是對團體內容進行總結，總結時，可以是主持人獨白說出對每個人的觀察，或是讓成員共同參與分享相互間的學習。一般來說，依據團體主題的區分，則可以分為暖身、形成議題，議題討論、結束四個階段（表11-3）。

表11-3　團體過程

| |
| --- |
| 1.暖身（開始期） |
| 2.提出議題（工作期） |
| 3.討論議題（工作期） |
| 4.總結（結束期） |

非結構式團體開放性較高，不同理論的團體進行的過程或內容會有些差異。團體分析的暖身活動，可能是以自由談的方式開始，人際互動的團體，就可能由相互認識、介紹自己開始。

在精神科病房帶領病人團體時，依當時成員特質，融合不同理論的做法。例如，在開始期的暖身活動，邀請每個人介紹自己的時候，也提出想談的事情。一個病人介紹自己之後，說道：「我今天來，想談一談昨天跟別人相處的不太愉快。」團體中每個人想談的東西不一樣，團體產生幾個議題之後，就可進入討論議題的階段。討論議題之初，帶領者需要引導出一個可以討論的共同話題，這個話題，最好由彼此討論中逐漸產生，避免以投票方式產生。在團體議題的互動裡，病人們訴說著不同的苦難，包括，被別人看不起、被關在這裡、家人不理睬、找不到工作等，表面上這些話題是每個人都在講自己的事情。但是控訴過程中，彼此聆聽、陪伴、誘發，可以透過他人找到自己的答案。曾有一個年輕的女病人談到與男朋友交往，引發團體談論精神病人結婚的問題。另外一個男病人就問她：「你有沒有考慮結婚的問題？」後來，又問團體：「到底，我們可不可以結婚？」自然進入議題討論的階段。形成議題的方式，可以參考團體議題形成（第九章）。

團體過程中，成員由最初的控訴，投身到他人產生自我觀照，進入第三者立場，產生超越自身的想法，顯示透過言語的表達，人可以逐漸澄清自己的需要與方向。因此，團體治療最後的結論時間是個整理自身思考的重要階段，在進行團體的過程至少要留10分鐘做團體的總結，讓大家分享學習或是心得，這個簡單的分享，是自覺的誕生，可能勝於他人或帶領者的認可。

# 三、表達支持的方式

護理人員在住院病人的團體治療中，負擔起支持性功能的角色。「支持」不只是給予讚美或協助而已，尤其在團體治療中培養出支持性的氣氛，它還必須包括帶領者給予的專注（attention）、敏感度（sensitivity）及適時感（a sense of proper time）（Yalom, 1983），就是一種同感心的延伸，設身處地為之著想所表現出的行為。

同感心是護理專業中建立護理人員與個案之間治療性人際關係的基石，在這種一對一關係中，護理人員必須能了解個案在當時當地的感受（on his spot），如果能夠運用同感心，了解個別的困擾與問題，就比較能夠在團體心理治療中擔任支持性的角色，但是這期間需要許多知識與經驗的累積。

下面分別介紹團體心理治療中的12項支持性原則（Yalom, 1983）：

## ㈠ **注意到病人的貢獻**（Acknowledge the patient's contribution）

此即意味著在團體進行中，不僅要觀察病人一些細微的貢獻，而且要具備能在團體中直接指出他的能力。

王小姐是一位邊緣性人格的患者，她常不知道自己是誰、自己身在何處、什麼是自己的長處、活著的目的又是什麼。當她聽到別人說什麼，立刻認為那就是自己的感覺，不太信任個人的經驗。帶領者鼓勵她表達自己經歷到的感受，例如，王小姐提到覺得房間裡的麥克風嗡嗡的聲音，這時別的成員也表示聽到，於是單面鏡後的觀察者，就把聲音弄小些。此刻，帶領者就指出：「你聽到那個聲音，你很不喜歡那個聲音，你提出意見，別的成員也同意，使得環

境比較安靜。」強調出那是「你」的感覺，以及「你」這種感覺帶來的貢獻，幫助她確認到自己的價值，同時也促進其自我認同感的建立。

## (二) 認真地面對病人（Take the patient seriously）

重視病人在團體中所提出的問題或感受，即使是批評帶領者本身，也可以引為團體討論的議題。

李先生與帶領者很難建立關係。帶領者知道李先生與一些權威型的人物都很難相處，常會有衝突，因為他父親在家裡是相當權威性的人物，認為父親常傷害他。在團體中，他總是覺得帶領者的輕視，抱怨帶領者從不聽他說話，也不尊重他的建議和看法。他在團體中是想與帶領者競爭，以掩飾自己的軟弱。此時帶領者，不宜解釋，而應鼓勵他嘗試以新的方法面對權威者。

公開批評帶領者，是病人適應的一個過程，帶領者必須接受，當成一回事，在團體中承認可能是自己太專注於某一點，而忽略一些觀點，透過有人指出來（像李先生），可以修正自己。同時帶領者可以請求成員分享類似的經驗。

## (三) 不鼓勵自我挫敗的行為（Discourage self-defeating behavior）

團體中某些行為，會引起其他成員的批評與排斥，帶領者必須在它造成巨大傷害之前處理它。

丁太太是位年老的女病人，常抱怨腳痛，團體成員覺得她像個壞掉的唱片，重複個不停，每當她講話的時候，別的成員就表現出不耐煩的樣子，這時候如果詢問病人：「對別人的反應，有何意見？」在認知層面上探討病人在團體中的現象，常常無法改善病人的情況，帶領者應該設法找出病人的長處，如丁女士曾擔任輔導工

作，就可以徵詢她對某個問題的看法如何？團體中有位精神分裂症的男孩平日與丁太太常在一起，帶領者就詢問這個男孩，在團體裡面最願意跟誰談，他就指丁太太，丁太太就走過去，坐在他旁邊，握著他的手，她不再以腳痛爲理由而離去。

### ㈣ 經由了解，給予原諒（To understand all is to forgive all）

團體互動的過程中，某些無法被接受的行爲，常常有它內在因素。帶領者若能提供一些認知架構，使團員了解某人擾亂行爲的眞正意義，則團體能接受該成員。

62歲的林女士，在團體裡一直談自己開過刀的手，很難使她不談，當帶領者鼓勵她描述自己的生活經驗時，她開始提到自己的感覺：「我把什麼都給了孩子，可是他們一點回報也沒有。」後來，又提到自己在病房裡很自卑。在帶領者談到，當林女士提到開刀的手時，他有一種感覺，認爲她眞正的意思是在說：「我有某些需要，但我說不出口。」「請多注意我一些。」經過數次解釋與提醒，林女士慢慢接受，以致後來每當她談到手，帶領者就把它轉爲「請多注意我一些。」團員就比較能接納她。

### ㈤ 對獨占者給予支持（Support the monopolist）

在團體過程中，有時候某些團員會霸占整個討論的主題，不去聽別人在說什麼，只對帶領者提自己的問題，這種獨占現象，不論是對團體或是對個人都有不良的影響，使團體的時間無法有效地運用，同時，獨占者也可能因感受到其他成員對自己的不滿，產生自己沒有價值（worthlessness）及恨自己的想法。除非團體中，有人能表達（assertive），否則這種現象是不易處理的，因爲成員也不願意去打斷他或叫他安靜，因爲假如去打斷談話就必須自己去塡

空，於是產生一種「好吧！你愛說就多說，我不必說什麼。」的心理，獨占者為了解決自己的焦慮（感受到團員對他的不滿），結果話就更多。

此刻，帶領者主要的責任，不是去要求病人安靜不要發言，應該多聽一些屬於他個人的內在感受，也就是不注意他表面所提的煙幕彈（一直提的「腳痛不能走」或「開刀的手」），當病人發現帶領者對他有興趣時，覺得自己被重視，而不需要以不斷占有話題的方式，引起別人的注意，就可以慢慢改善這種獨占現象。

## ㈥ **鼓勵正向行為**（Encourage positive behavior）

引導病人表現自己其他有能力的部分，使其能得到帶領者與其他成員的支持。

陳先生是位年輕未婚的強迫性行為患者，他腦海中常出現有關「性」的意念，在團體治療中，一直談到想跟女人發生性關係，儘管他外表不錯，但是他不停地提及，自己今年27歲，尚未與女性發生關係，更使在座的女性對他感到很嫌惡。此時，帶領者提到：「我覺得陳先生很少談論對自己滿意的部分，什麼是你認為自己最有價值的部分？」

陳先生提到，他會拉小提琴，當時，大家都愣住了。

方先生是位精神分裂患者，在團體中，時常舉手發言，發言的內容都是：「我沒有病。」「我會開飛機，我要出院開飛機。」「你們不要以為我不會開飛機。」後來，團員在他說話時都低著頭或看別的地方，有位團員相當直接地指出：「你的毛病就是自己是個飛機修護員，卻整天想要開飛機。」這句話使得其他成員立即注意著方先生，沒想到他不只是會誇大，他是具有修護飛機的能力。

此團體中這位具有表達能力的病人指出方先生的問題，同時也改善成員對方先生的看法，帶領者可以再次對團體強化方先生的長處，或是引導他談這方面的話題，以降低成員對他的不耐煩。

### ㈦ 指出且強調病人對其他人的價值（Identify and emphasize the patient's value to others）

在一個住院病人組成的團體，由於病人個人的情緒困擾、生理疾病、藥物的副作用等因素的影響，使得成員的日常功能多少受到限制，因此要創造一個支持性的氣氛，帶領者必須相當敏銳地觀察，以發現病人的長處。

梁小姐，50歲，因患有多發性硬化症（Multiple Sclerosis）而憂鬱，認為自己身體不好，無法對人有貢獻，活著沒什麼用。此時，團員就對她提到她對自己的意義，帶領者也提到：「妳不一定要做什麼事情，妳能夠出席，給予支持，就是很大的貢獻。」

在每次團體治療即將結束時，帶領者作結論時，可以指出：「有些成員雖然沒有發言，可是在一個小時的討論中，一直都坐著參與，而且很注意地傾聽別人的發言。」實際上精神疾病的患者，如果是在服用抗精神疾病藥物的期間，能夠靜坐在團體中一個小時，中途不離席，確實不是件容易的事，這是他們對團體所提供的一項很大的貢獻。

### ㈧ 支持一位疾患時，不要傷害其他人（Do not support one patient at the expense of another）

當帶領者在團體中給予一位病患支持時，同時也要考慮這樣的態度是否會傷害到其他成員，因為在團體治療中考慮的對象是所有參與的成員，這一點是團體治療較個別心理治療複雜之處。

　　徐先生20歲,是精神分裂患者,動作緩慢、嗜睡、說話聲音小。在一次的團體中提到由於自己外表以及不擅言辭,很害怕面對外界的生活,帶領者想支持他,但此時另外一位病人提出她自己的問題:「除了服藥外,是否有其他原因使我愛打瞌睡?」由於她干擾帶領者計畫中的行為,因此帶領者面容稍帶怒氣地提到:「你覺得你的問題與他有關嗎?」這位女成員立即搖搖頭,滿臉通紅,不好意思地笑著,此時帶領者再轉回去問徐先生,他感受到團體中出現「指責」的味道,也不願意再談了,儘管目標不是他本人,卻是與他有關。

　　上述互動過程中,帶領者為了支持徐先生,想要培養出或傳達出支持性角色,但卻因傷害到另外一位女性成員,使得團體氣氛改變,也牽連到原來想要支持的成員。如果當時也能以支持性的態度對待該女成員,考慮一下她為何在當時提出那樣的問題,她的問題與徐先生問題的關聯。例如:「你的愛打瞌睡也影響你給別人的感受,這一點與徐先生很相像,我們先聽聽徐先生的困難在哪裡好嗎?」

### (九) **不要攻擊病人**（Do not attack a patient）

　　帶領者在團體治療中,具有相當大的權力,甚至被視為權威性的人物,帶領者有時也以此自許,當發現團體中某成員攻擊另一成員時,也就很容易因此指責那位攻擊者,改變團體的氣氛,帶領者此時應避免攻擊任何一位成員,應體認到帶領者的權力是因病人的存在而相對產生的。

　　黃先生是位攻擊性強的成員,有次他嚴厲地攻擊另一團員陳小姐。陳小姐在病房裡一直要賣東西,她對於自己無法停止這種行

爲而感到難過，可是黃先生卻不停責怪她不該在病房賣東西，此時，帶領者受不了，提出：「你怎麼可以這樣批評，叫別人不該賣東西，你自己卻連酒也戒不掉。」雖然陳小姐受到支持，但黃先生卻受到傷害，因爲他當時並未對團體宣布自己是因酒精成癮而入院的。

在這種時刻，帶領者該如何處理比較好呢？如何去支持被攻擊者而又不傷害攻擊者呢？首先，考慮黃先生的行爲中是否有建設性的部分，若是有的，就去了解他的動機，他是想幫助陳小姐克制住這種不停賣東西的行爲，帶領者可以說：「我了解你很想幫助陳小姐，來自無能爲力的挫折感，我覺得你的生氣是來自於你想幫助陳小姐，但又受到自己能力有限的限制。」若病人承認這一點（人的生氣情緒通常如此），帶領者可再提出問題，看他們是否願意再說下去，可以就詢問一下陳小姐的感受。陳小姐可能覺得自己受到傷害，此時，帶領者必須對黃先生作反應：「好像事情的結果不是你期望中的？是否有別的方法可以幫助陳小姐？」

另一種方式是幫助攻擊者看看自己，這樣可以改善兩人間（攻擊者與被攻擊者）的關係。例如，帶領者可以說：「看起來，你對陳小姐很兇，不知道你自己眞正的意思是不是如此？」這些方法策略，使陳小姐受到支持，但也不傷害到黃先生。

## ㈩ 使團員在群體中感到安全（Make the group safe: Give the patient control）

當個體能掌握住自己及其環境，使他在群體中產生自己能夠應付環境的信心，而產生安全感。有時候，成員不願意參與團體治療的原因是他們害怕事情談得太遠而無法收場，使團體成員嫌惡他們

不能自我控制；有時候是因為所談內容太抽象，無法理解，以至於不知應該如何參與。

　　張小姐，第一次來到治療團體，在開始時，她提到「我的問題很複雜，不知提出來有沒有用。」她同時表示自己很希望別的成員給予一些回饋，此刻帶領者對團體強調張小姐的意願，她希望成員們的協助，但是團體卻保持著沉默，有些人不安的踏著腳，帶領者評估一下情形，認為張小姐的問題不夠明朗，使得團員不知如何去幫助她，帶領者就提到：「也許大家不太清楚你的情形，可不可以舉個例子？」此時，張小姐就提到自己要去洗頭髮，等了半天，卻因為洗頭時間到了，就必須回病房，自己當時很急，不知怎麼辦！」當她說完就有好幾位成員分別提出自己的看法及建議，會議結束時，她覺得團員給予的建議具有可行性。

　　帶領者可允許病人自己決定要談多少，以免病人覺得不安全。可詢問病人：「你想要談這個問題嗎？」「我是不是對你造成太大的壓力？」「此刻，我要說些什麼才對你有幫助？」「大家不太清楚你的問題，可不可以舉個例子？」上述這些方法都可以使成員覺得可以掌握住整個過程。

## ㈡ **尊重病人**（Treat patient with respect and dignity）

　　評論病人的行為表現時，要能夠找出他的長處，並且強化它們。帶領者必須學會告訴病人，多麼欣賞他某些行為，必須注意成員的能力，即使是很小的部分。

　　例如，某個成員在團體中，與另一成員互動，又獨自低著頭坐在一旁，卻不再參與了。這時，帶領者應指出他已能與成員互動，而不去著重他沒有做到的部分（即不再參與，又回到孤立的境

地）。另外一個類似的情形，某個成員在團體中，沒有給予任何語言的反應，但帶領者要注意到，他能在團體中維持一個小時，沒有中途離席，這也是他的長處，帶領者在最後做評論時，可以指出來，在討論時，雖然他沒有表示自己的意見，他很注意地在聽每個人的意見。

帶領者必須尊重每個成員，某些非語言的行為，可以視為了解成員的一個重要線索。例如，在團體中一直撕東西、咬指甲，或是其姿態、位置的安排等，都可以表現出病人的內在世界，但這只是了解病人的一種途徑，不宜成為公開討論的話題。

## ㈛ 使用具體的方式，表達支持的意見（A structure approach to support）

住院病人的治療團體，參與的多半是較退縮異常的病人，團體的結構是為了使病人經由帶領者或成員得到支持，因此，可以運用一些遊戲，以達到這種目的。

例如，傳紙條，在紙條上寫自己的名字，寫上自己的長處，再傳給別人，讓別人寫，最後紙條回到自己手上，唸出上面所寫的各項長處，並且指出哪些是他最喜歡的，哪些是會有些令自己訝異的。這個遊戲不只是很直接有效地支持病人，同時由於帶領者本身的參與，提供一個很好的機會使帶領者去分辨出每個成員的長處而且表達出來。

## 結語

團體心理治療是運用少數的帶領者，對多數的病人（6～10人）提供服務的一種治療形式，相當符合經濟原則，尤其在一個工作人員不足的單位之中，更是一項值得推展的治療活動，它可以幫

助工作人員在有限的時間內，了解病人且運用團體的力量給予協助，儘管團體心理治療或許較不易深入了解個案的深層問題，但是一個有效的團體心理治療，也存在許多個別心理治療所無法達到的功能。對於住院病人的團體心理治療與門診病人的團體心理治療，帶領者具有不同的態度，對於門診病人的團體，帶領者可以較被動，但在住院病人的團體，就需要採取主動支持的角色，善加利用每次團體治療的時間，因為他們可能只參加這次的團體就出院，或其他因素而不再參加。

護理人員參與團體心理治療工作，還需要考量環境的因素，團體心理治療是整個精神醫療體系中的一小部分（subsystem），它的成長與動態必然受到整個醫療體系的影響，它本身也可以反映出與醫療團隊間的相處情形。「支持」是護理專業工作中，相當重要的一項獨立性功能（independent function）。護理人員可以把這種角色運用於住院病人的團體心理治療，只是在擔任帶領者或協同帶領者之前，須具備有關團體的知識與經驗，除了理論層面，由做中學也是不可忽略的方式。每次治療活動進行時，帶領者與協同帶領者盡力培養支持的氣氛，治療結束後，也與醫療團隊繼續彼此討論，提出建議、看法，也給予兩位帶領者支持，在半年的時間裡，不僅提供服務，也促進團隊間和睦的關係及專業的成長。

Yalom提到，他自己在專業訓練的過程中，曾經經歷到被支持的感覺，因此很強調治療活動中的「支持」，他指出12項有關支持的原則，這些原則相當有助於在團體中培養出親和力。護理人員參與團體心理治療時，可以應用這些原則，發揮支持性的角色功能，使成員感受到彼此關懷、信賴與安全的氣氛，進而促使團體產生治療性的功能，協助個體的成長及康復。

## 自我評量

1. 指出住院病人團體與門診病人團體之不同。

2. 撰寫團體活動計畫書（包括：時間、地點、對象、活動方式 ……）。

3. 指出十二項支持性原則於個人生活經驗中的應用。

## 參考文獻

鍾明勳、張達人（2003）‧精神科急性住院病人團體心理治療‧*中華團體心理治療學刊*，9（3-4），1-5。

Kanas, N. (1985). Inpatient and Outpatient Group Therapy for Schizophrenic Patient. *American Journal of psychotherapy, 39*(3), 431-439.

Marram, Gwen D. (1978). *The Group Approach in Nursing Practice*. St. Louis: Mosby.

Yalom, I.D. (1983). *Inpatient Group Psychotherapy*. New York: Basic Books.

# 第十二章　心理劇

學習目標

　　1.認識心理劇誕生的背景。

　　2.了解心理劇的理論與實際運作。


摘　要

　　心理劇是以即興的角色扮演，探究心理或社會經驗的一種心理治療或產生改善社會行動的方式。本文將分別介紹心理劇發展背景與理論基礎，以及心理劇的劇場應用。

在莎士比亞的《皆大歡喜》的作品中，提到「世界是一個舞台，所有男人和女人是舞台上的演員。……但是我們不必全是演員，也可以變成編劇家和導演。」一個專業演員學習進入角色，同時也與角色保持距離，維持自我觀看的能力。莫雷諾醫師（J. L. Moreno）（1889～1974）於1921年開始將戲劇中這種自我反思能力，應用於現實生活，讓人們重新編演自己的生活劇本。是以即興劇場的方式，探究心理或社會經驗，產生治療或改善個人情緒或社會行動的方式。目前在許多國家，心理劇已經是一種治療方式，這些專業人員組成心理劇協會，並出版刊物（Blatner, 2000/2004）。

台灣精神心理治療界的心理劇，自1970年代在陳珠璋、吳就君等教授帶領下，廣泛運用在精神心理健康與教育等領域。最初，心理劇是「中華團體心理治療學會」的工作小組之一，後來，在陳信昭醫師努力之下，於2010年成立「台灣心理演劇學會」，繼續推廣心理劇的活動。

# 一、心理劇發展背景

## ㈠ 心理劇（psychodrama）與精神分析

精神科醫師莫雷諾於1921年創立心理劇，他認為行動比語言更有說服力，經驗比書本是更好的老師，因此以團體的方式進行演劇，劇場中嘗試經歷不同的生活抉擇，不必擔心因為做錯而被責難（Karp, 1998; Hare, A. P., & Hare, J. R., 1996/2004），這種方式不同於當時蔚為主流的精神分析。兩者的區別，或許由1912年他對佛洛伊德介紹自己的一段話中可以了解，當時他說道：「你在辦公室裡會見病人，我則在街道上或病人家裡進行我的工作；你分析病人的夢境，我努力嘗試給他們再作夢的勇氣。」近代心理劇的發

展，除了莫雷諾的開創，也可歸功於其第三任妻子芮卡（Zerka）繼續心理劇的教學工作，指出健康者需要能夠虛心涵納（empty ourselves, become a vessel），如江海納百川（Hare, A. P., & Hare, J. R., 1996/2004; Blatner, 2000/2004）。

## (二) 創始者莫雷諾的生平

　　莫雷諾是心理劇的創始者，出生於羅馬尼亞的首都布加勒斯特（Bucharest）的猶太後裔家庭，五歲時全家搬到維也納。他原是維也納大學哲學系學生，也修戲劇與文學，後來轉為醫學生。莫雷諾早年是一位任職於維也納的家庭醫師（Briburg, 2011）。莫雷諾在行醫期間的家庭訪視時，發現許多家庭悲劇透過一起演出各種可能的情形，就變得輕鬆有趣，他將這種對病人家庭困擾的處理命名為互惠劇場（theatre reciproque），用於改善其家庭關係與社區的氛圍，奠定家庭治療的基礎（Michael & Helga, 2011）。他在第一次世界大戰之後，擔任Mitterndorf難民營（1915～1917）的指揮官兼醫師，負責附近的兒童醫院，同時研究難民處境，引發他思考以社會計量概念（sociometric concept）來規劃社區的可行性（Scherr, 2011），促進社區醫學的發展。1919年受聘為維也納南部20公里的Voslau市擔任公共衛生官，同時又擔任奧國最大棉廠的醫療主任。1918～1925年間，他在奧國醉心於劇場，把錢投資在辦《Diamon》雜誌，較少時間看病，結果負債累累，還常受到反閃族者的跟蹤與威脅，於是在1925年移民美國。在美國他除了介紹社會計量學（sociometry），也繼續發展即興劇場、團體心理治療組織。他的即興劇場於1929～1931年間，在卡內基廳上演每日的新聞。1942年為團體治療師組織專業協會——「美國團體心理

治療和心理劇學會」（American society for Group Psychotherapy and Psychodrama, ASGPP），更在1951年組織「國際團體心理治療委員會」，第一屆國際團體心理治療會議於1954年在多倫多舉行。1974年於美國過世，享年85歲（Hare, A. P., & Hare, J. R., 1996/2004；陳珠璋、吳就君，1983）。

## 三、心理劇的理論基礎

### ㈠ 心理劇的構成要素

心理劇的構成要素，主要包括五個部分：舞台（the stage）、導演（director）、主角（protagonist）、輔角（auxiliaries）、團體或觀眾（audience）。

舞台，是指劇場演出的活動空間，依照現場團體互動而安排。可以是團體中間的空地，也可以是高出地面的舞台。有形的舞台讓每個人自發性與創造力得以行動，開創自己的生命劇碼，包括過去、現在、與未來，以及內在與外在世界。

導演，是心理劇治療師，引導心理劇的進展，發展團體的內聚力與信任感。

主角，是傳統心理劇的核心人物，通常是由想要釐清個人當前處境、獲得啓發，或是發展替代行爲的成員擔任，其個人的經驗成爲團體互動的焦點。

輔角，由主角邀請觀眾中產生，扮演場景中其他的角色，協助主角的經驗可以更栩栩如生。

團體是由具有共同目標的成員組成，除了上述角色之外的人物都是觀眾，團體中，觀眾除了是見證者或受邀擔任輔角，也是心理劇最後階段的分享者；傳統是以團體心理治療爲主，近年來，團體

的形式趨向多元化，運用在教育、行政組織運作等，依據團體目的由不同觀眾組成（陳珠璋、吳就君，1983）。

### ㈡心理劇的進行過程

心理劇進行過程包括暖身（warm-up）、演出活動（action）、分享（sharing）三個部分，將個人內心潛藏世界具體化，讓自己能客觀的看到、聽到、感覺到，而真正的理解內心問題的癥結，自發性（spontaneity）與創造性是心理劇重要的元素（Karp, 1998）。

暖身活動，是身體的活動，可以依心理劇的主題做變化，走路、身體自由擺動，或是依照某種特性排列。像是採用光譜圖，一種直線形式的行動式社會計量技術。通常，在演劇活動的初期，導演詢問成員參與心理劇的經驗，較多經驗的站在一端，最少經驗的在另一端，讓大家依照參加心理劇的頻率排成一列，導演可以讓成員交談或不交談，決定自己在這個行列的位置（Blatner, 2000/2004）。一方面是暖身活動，另一方面導演能即刻評量成員的背景與經驗。

演出行動是心理劇的核心，由主角提供一個心理困擾的場景，導演以各種活動方式，帶領團體進行，此時，想像力、創造力不斷在交織著。過程中，可以運用空椅子，或是替身等各種心理演劇的技巧，幫助主角投射情感，澄清自身的經驗。

分享是心理劇的最後一個部分，分享的內容，可以是擔任輔角的心情，或是自己在此心理劇中的體會，重點是回到每個說話者自身經驗的省察，不是對主角提供任何建議。因此，雖然是一場主角的心理劇，但是可以對每位參與者的生命經驗，產生不同的激盪，這是不同於個別心理治療之處。

### ⫶ 心電感應（tele）

　　人際間的感應（tele），是人們或是團體成員間相吸相斥的潛在動力，是無形的又可被測量的，可以讓團體進行得很順暢或窒礙難行。這種在現場的彼此真誠地情感交流的程度，決定演劇能否產生治療功能的關鍵因素。感應是不需要語言卻可以感覺對方的處境，這處境的連結是雙向交流，與單向交流的同感心不同。心電感應是影響主角挑選從未謀面的成員扮演其祖父或母的主因，導演則需讓主角選擇其輔角，同時敏感於主角對輔角的選擇傾向，以便協助其在人際關係中更有彈性、覺察力、重新談判，以新方法面對舊問題。

　　心電感應的現象是一種直覺，可以使人對事物有更高的敏感度。正向的心電感應存在時，人們傾向於將彼此理想化；負向的心電感應存在時，人們傾向於互相貶抑。在心理劇的舞台，這些靈感乍現的片刻，使人意識到自己對人過度概括化的現象，誤以為某方面是好的，其他面也是不錯的；或是某方面是錯的，就認為其他方面也不可取（Blatner, 2000/2004）。透過心理劇的活動，對態度與行動的檢視，創造出個人的生命情境，使個人成為自己小宇宙的創造者，甚至是大宇宙的共同創造者（李燕蕙，2007）。Burmeister（2011）提到莫雷諾的觀點具有超越文化的宇宙觀（cosmic），提到主宰宇宙連結（connectivity）與共振（resonance）的他之主（He-God），促進彼此連結的你之主（You-God），以及在心理劇中達到彼此共創（co-creativity），是個人內在自發性的我之主（Me-God）（Burmeister & Navarro, 2011）。心理劇特別重視我之主（Me-God），宇宙是上帝創造的舞台，每個人的生命是自己開創的舞台，即可透過心理劇的舞台，對自己進行心靈的工作。

### ㈣ **自發性與創造性**

莫雷諾指出人性，可分為無法接受不完美與可以接受不完美兩種類別，前者只接受完美，因此努力避免不確定，生活中的緊張度高，難有自發性；後者接納生活中的不確定，彈性大，比較能有自發性，自發性可助於創造力的發展。人們最大的問題在於失去自發性與創造力。

影響自發性的兩大障礙，一個是想要掌控未來風險的挑戰，也就是期待在結構清楚的情境中，讓自己免於危險。但是，越害怕冒險，就越想避免模糊性，就越無法出現自發性。若不願接受冒險，就不可能出現創造性的自我轉化。另一個障礙是總認為思考先於行動，如果總是要先想清楚才能決定行動，就無法出現當下的自發性。

莫雷諾認為自發性是創造力的容器，當自己暖身到自發性的狀態，一種不預設立場的輕鬆與包容，就容易產生創造力。創造是一個合作的過程，心理劇中是一群人一起激發想法、探討線索、腦力激盪、回饋。不只是與別人共同創造，也是與更高層次的自我共同創作（Blatner, 2000/2004）。

心理劇重視在行動中覺察（action insight），這是涵蓋著具身體感的角色層次（psychosomatic role level）與心理劇的角色層次（psychodramatic role level）。透過身體行動的角色覺察，進入角色扮演的想像空間，產生各種創意與自發性，如果一個人於心理劇中，不能放心自在地進入角色而經驗到什麼，就無法抓到自己行為的新意（newness and meaning）（Schacht, 2007）。

### ㈤ **心理劇與社會劇**

近年來，這種透過「劇」讓人進入自發學習，產生創造性的角色行動，重新發現人被文化傳承所制約的各種心靈面貌（游金潾，2011），後來發展出不同的形式，包括社會劇（sociodrama）與文化劇（axiodrama），以及為對社會進行一種治療的社會醫學（sociatry）。

心理劇與社會劇在臨床應用關注的焦點不同，心理劇注意集中在個人問題及私人世界，主角是個人，人數通常為六至二十名。社會劇是用來處理團體間相互關係與集體意識形態的戲劇。主角是團體，沒有人數限制。

社會劇，以戲劇手法檢視文化次序，了解社會情境，理解自身與他人的處境，達成社會的情感洗滌與淨化，帶來產生改變的社會行動。透過社會劇提供整個社會一個宣泄的管道，產生社會醫學，協助團體來面對社會疾病（Hare, A. P., & Hare, J. R., 1996/2004）。因此，心理劇不僅應用於心理治療，還在教育、組織管理等方面，助於處理衝突、解決問題、建立共識、角色訓練、發展社區組織等（Wiener, Adderley, & Kirk, 2011）。

## 三、心理劇的劇場應用

心理劇發展至今，除了幫助個人生命的體悟，也用於組織的發展。2011年9月，葡萄牙波爾多市舉行的地中海區團體治療國際會議活動，為了慶祝葡萄牙心理劇學會成立二十五週年，許多來自不同國家的心理劇學者，分別講解或示範帶領心理劇活動，除了處理個人生命經驗的覺察、人際或族群的衝突、夢的理解，也將心理劇

的活動應用於學術團體的理監事會議。以下將藉此次活動內容介紹心理劇的應用。

## ㈠ **個人生命經驗的覺察**

　　這是透過心理劇的角色扮演，讓人產生個人生命經驗的覺察。這活動是Manuela Maciel所主持的「與祖靈間的心理劇——認識家族中遺留下來的東西」（Psychodrama with ancestors-becoming aware of family legacies）。這項關於家族世代間的心理劇是75分鐘的活動，約20位成員參加。

　　1.暖身活動：自由走路。

　　2.演出行動

　　(1)每個成員心中默想一個祖先，設想其長處，扮演此祖先。

　　(2)找個同伴擔任此祖先。

　　(3)自己開始對祖先（同伴）說話。

　　(4)送別／致謝；更換角色，並重複(2)～(4)的步驟。

　　當各組成員開始扮演角色時，主持人（導演）遊走於各小組之間，給予必要的引導；之後，重新洗牌，尚未與祖先對話者另找對象扮演祖先，最後是大團體分享。下面以成員A、B、C為例，說明此心理劇的運作。（表12-1）

表12-1　團體進行流程

| 暖身活動 | | |
|---|---|---|
| 演出活動 | 祖 | 孫 |
| | ① C → A | |
| | ② A → B | |
| 大團體分享 | | |

　　進入演出行動時，A想起遭黨殺害致死，自己從未謀面的外祖父。外祖父熱愛音樂甚至自己做樂器，他年輕就加入政黨，三十幾歲時遭該黨殺害致死。A的母親每年清明，都哭訴著這個悲慘的家庭事件。活動中，A就以吹奏樂器的動作走動著。導演問A，請你介紹自己，當A開始說自己（外祖父）的死亡時，卻語帶哽咽。之後，導演讓A成員找個同伴扮演外祖父，對他說話。A找同伴C扮演外祖父，A先是生氣對外祖父說，他不應該如此年輕就讓自己喪命，讓自己的家人經歷這麼深的痛，訴說完心中的氣憤之後，卻也又痛哭的說出對外祖父的思念，數分鐘之後，自然停下哭泣。導演提醒大家，感謝對方。接著，更換角色，A被B邀請擔任其祖父，A與B來自不同國家，沒有共通的語言，需要靠導演翻譯，但是導演僅在最初說明B所想像的家人是其祖父，B就開始對A一直說話。

## 3. 分享

　　扮演活動結束後，A訝異自己在角色扮演中，由成為未謀面的外祖父的演劇中，發現所忽略的家族的故事。其外曾祖父，曾經拒絕政府的官職，協助反對黨，散盡家財；外祖父也因加入政黨喪命，家族史中上演著，參與政爭，卻讓家庭或妻子與幼年子女承受傷痛。這個活動對A的啟示是，人對外在的投注，有時傷害到自己的親人。因此，在人際層面的提醒是，注意到自己在忙碌的工作中，要給親人一點關心。在個人內在的覺察是，注意不要因為外在的訊息，忘記呼吸，忽略身體內在的聲音。

　　B於團體分享時，感謝A的扮演，又在次日A與B都參與的反思團體中，再次表達謝意。有趣的是，在演劇過程中，A只由導演的

翻譯，得知自己扮演B的祖父，由於從未聽懂B的語言，A也無法以語言回應，只是牽著B（孫女）的手，努力去體會孫女想要表達的。

一對完全聽不懂彼此言語的同伴，似乎能透過感覺產生連結、傳達關注。人與人之間雖然彼此陌生，卻可以存在某種心靈的相互感應（tele），帶出更深層的生命經驗。

### ㈡ 處理人際或族群衝突

將心理劇或社會劇用於處理衝突時，導演提供一句話，讓成員透過話語的身體行動進入體悟。以下分別介紹心理師Ron Wiener與Yaacov Naor所導的劇場活動。

Ron Wiener主持「變動世界中的社會劇活動」（Social drama in a changing world），提供的話語是：「我不是要責怪你。」（I am not to blame you.）

1.團體暖身活動。

2.主持者要求大家找一個同伴，先想一個出現衝突的情境。

3.各組各自實際演出該情境，情境演練中需要說句話：「我不是要責怪你。」

4.大團體，各組實際演出（每組2分鐘）。

5.演出活動：

每組演出的情況都不同，其中一組扮演師生關係，老師站著問學生為何不準時交作業，學生則以害怕的表情，蜷縮的身體坐在椅子上。老師就說出：「我不是要責怪你（I am not to blame you.），（停一下）我只是希望你能成功。（I just wanted you to be successful.）」這個造句過程中的第二句話「我只是希望你成功」

是現場即興出現的，也就是成員在說話行動中，自發性地在當下情境產生的言語，不是在說出第一句話之前，就已經預設的話語。這個話語，讓說者產生行動中的理解與覺察，注意到師生間緊張關係中的關注。

　　另一個心理劇的活動，由Yaacov Naor心理師所主持的「心理劇作為敵我間的對話」（Psychodrama as dialogue between enemies），他用於處理衝突雙方的言語是：「我不是對抗你，我是為了（弄清楚）自己。」（I am not against you. I am for me.）Yaacov的父母是納粹集中營的倖存者，他於以色列使用心理劇與社會劇的方法，處理猶太人與巴勒斯坦人衝突，已經15年之久。他常以這句話讓可能出現敵意的雙方，清楚自己真正的立場，學習相互接納、尊重、認可與相愛。

### (三) 心理劇與夢

　　此次Social Dreaming Matrix（SDM）and Psychodrama on Dreams: A Creative Integration工作坊，由Maurizio Gasseau主持，Leandra Perrotta協同主持。Social Dreaming Matrix是由學者Gordon Lawrence發展起來，用於組織再造，可透過夢境說明組織的潛意識（unconsciousness of the organization）。此工作坊成員約40人，房間椅子排列成螺旋狀（不規則同心圓）。75分鐘的團體，分3個部分。

### 1. 請大家談夢

　　當有人說出自己的夢境之後，主持人說出：「是否有類似的夢或其他的夢？」（Is any association to the dream or other dream to share?）邀請其他成員說自己的夢或做聯想，團體中大概出現5位與

會者提出自己的夢。

## 2. 開始進行演劇活動

　　主持人邀請自願者擔任主角，描述自己夢境的人物場景，其中每一個出現的對象，都請其找人演出，包括夢中的山、河等場景，分別由不同輔角擔任。開始導心理劇，一個劇接著一個劇，每個劇進行20～40分鐘不等。

## 3. 分享

　　由擔任場記的協同主持人，獨自對大團體分享其觀察與想法。

　　此種多個夢的處理方式，節奏很快，豐富性高。由協同主持人分享的作法與一般的心理劇不同。一般心理劇最後的分享階段，是由成員各自提出自己在劇中產生的體悟。兩種不同的分享方式，各有其存在的理由。由協同主持人擔任，呈現較多專業性觀察，可能省時，但忽略其他成員的覺察；由觀眾分享，可能耗時，歧異性較大，但豐富性也較高，也能促進觀眾的自我覺察。

　　以團體方式賞夢，除了採用心理劇或社會劇，也有以小團體方式進行。以心理劇的方式處理夢，帶領者主導性高，需要身兼團體帶領者、導演、分析師、治療師的角色，主角必須依賴團體的進展，身體的行動，才能產生自發與創意。以小團體方式賞夢，帶領者是團體催化員，主導性較低，身體活動較少，身體感就不像心理劇那樣鮮明；由於帶領者的不主導，成員不必過於依賴團體，而產生自發性。

## ㈣ 促進會議之運作

　　一般會議進行的流程是：宣讀上次會議紀錄，主席報告，議題討論，結論等。國際團體心理治療學會理事會議，依據傳統會議流

程，做些變化。開會初期，先進行30分鐘的自由聯想式的談話，以及心理劇的活動。

心理劇的活動內容：

1.由暖身活動的自由走路，找個同伴，並腳前行（兩人三腳），接著背貼背走路。

2.回到自由走路，找同伴，站著對談，關於過去兩個月的工作。

3.再次自由走路，換個伴，談自己對國際團體心理治療協會的期許。

4.再次進入反思團體，自由發言。有人談到上次理事會議結束時，兩位理事長在團體內的爭執讓他很不舒服。成員各自談到對此的看法。有人提到，不想再質疑他人，而要將此能量轉為有助於此團體的行動，由此開啟理事會議中的序幕。

## 結語

心理劇及社會劇的活動，打破以理性思考先於行動，以及語言是溝通主調的價值觀，讓人透過身體活動，能看到、聽到、感覺到，而真正的理解內心或社會問題的癥結。這種現象如同梅洛龐蒂的知覺現象學所提到的，我們未必是以認知認識世界，而是由身體操作建立經驗結構，身體活動中的視覺與運動，將我們引向一個「世界」。這種活動是身體行動先於理解，身體知覺甚於理智。參與心理劇場的活動，需要肢體自在的進入情況，才能由內心自發性的力量帶出創造性，讓隱藏的世界具體化，如同看畢卡索的畫一樣，由變形的畫面看到背後的故事。

心理劇中營造出來的自發性、創造力、心電感應，透過語言產

生自我經驗的重塑，也透過非語言，產生某種與眞實的交會。在人
與現實的銜接處出現斷裂、驚訝，敞開無意識的向度，讓說話主體
找到自我安頓的知覺主體。顯示對於意義的理解，可以透過自身的
身體知覺行動，未必在言語上的相互了解。

## 自我評量

1. 指出心理劇與社會劇的異同。

2. 說明心理劇的組成、進行過程。

3. 描述心理劇的自發性、創造力、心電感應。

4. 設計並參與角色扮演的遊戲，體會自己在其中的感受。

## 參考文獻

李燕蕙（2007，5月）‧人在心理治療與哲學之間──心理劇與道家
　　哲學之對話‧於南華大學哲學系主辦，*第八屆比較哲學會議*‧嘉
　　義：南華大學。

陳珠璋、吳就君（1983）‧*由演劇到領悟*‧台北：張老師。

游金潾（2011）‧心理劇‧於何長珠、姚卿騰*編，表達性藝術治療
　　13 講*‧台北：五南。

Blatner, A(2004)‧*心理劇導論：歷史、理論與實務*（張貴傑等譯）‧
　　台北：心理。（原著出版於 2000）

Briburg, A. T. (2011). *Jakob Levy Moreno-Die Wiener Zeit [Jacob Levy
　　Moreno-The Viennese periode].* Magister Thesis, Alpen-Adria-Univer-
　　sity Klagenfurt.

Burmeister, J., & Navarro, N. (2011). *General principles of large group
　　sociodrama.* Paper presented at the Regional Mediterranean and Atlan-
　　tic Congress of the IAGP, Porto, Portugal.

Gasseau, M., & Perrotta, L. (2011). *Social Dreaming Matrix (SDM) and
　　Psychodrama on Dreams: A Creative integration-A FEPTO model.*
　　Paper presented at the Regional Mediterranean and Atlantic Congress

of the IAGP, Porto, Portugal.

Hare, A. P., & Hare, J. R. (2004)．*莫雷諾：心理劇創始人*（胡茉玲譯）．
台北：生命潛能。（原著出版於 1996）

Karp, M. (1998). *The Handbook of Psychodrama*. London: Taylor & Francis.

Lintott, B. (1983). Mind and Matrix in the Writing of S. H. Foulkes. *Group Analysis*, 16, 242-248.

Michael, W., & Helga, W. (2011). *J.L. Moreno: The Bad Vösl au period (1919 to 1925)*. Paper presented at the Regional Mediterranean and Atlantic Congress of the IAGP, Porto, Portugal.

Schacht, M. (2007). Spontaneity-Creativity: the psychodynamic concept of change. Clark Baim, Jorge Burmeister and Manuela Maciel (Eds.), *Psychodrama* (pp. 21-40). New York: Taylor Francis.

Scherr, F. (2011). *Jacob Levy Moreno in the refugee camp Mitterndorf a. d. Fischa- a historical research*. Paper presented at the Regional Mediterranean and Atlantic Congress of the IAGP, Porto, Portugal.

Wiener, R., Adderley, D., & Kirk, K. (2011). *Sociodrama in a Changing World*. Lulu.com.

# 第十三章 經驗性團體的身體感

學習目標

1. 理解身體與自我的關係。

2. 認識觸覺經驗的意義。

3. 指出感官活動與感觸性身體經驗在團體的運作機制。

摘　要

本文由觸覺的身體經驗，探討經驗性團體中身體感官活動
與感觸性活動，對建構自我感的影響。

關鍵詞

感官經驗、團體、自我認識

　　身體不是空洞的外在，是具有感受性，是在模糊不清中尋找答案，身體既是心，也是物，是我們與世界的管道，身體如果不能有效統合感覺，世界也就不存在。

　　經由身體主體於空間的存在，不斷對周遭經驗進行融合，形成身體思維，理智才能對所觀察的現象進行說明，加深生命時間的向度。身體是先於理智的，身體的判斷不同於理智的判斷，身體的知覺經驗也不是實證心理學所關懷的身心分離的樣貌，而是注意到周遭環境與自身，是處於主體或背景的相互交織的位置。活生生的經驗中，其他人事物向我們呈顯，喚醒我們的知覺，基於身體經驗，才不會被理念世界誤導（Merleau-Ponty, 1962）。

　　身體心理學融合身體、心智、情緒與社會脈絡，指出人的自我感可以透過身體經驗得到發展（Cohen, 2011）。基於身體的祕密在於它是意識與自然的交會地，它是物與我、己與他、內與外的轉介站，莊子在身體的深處發現到創造的源頭（楊儒賓，2009）。現象學家梅洛龐蒂也指出身體是靈魂的誕生地以及每個存在經驗的基底（matrix）（Merleau-Ponty, 1964）。身體經驗幫助我們建立自己與世界的關係，其中涉及對身體經驗進行的想像，這種體現的經驗（embodied experience）或身體的經驗（bodily experience），幫助我們建構意義，產生理解，建立理由，而能生存於世。

　　觸覺的身體經驗，意涵兩種現象：一是身體感官的具體經驗，如我的左手碰觸我的右手，出現的能觸與被觸的雙重感覺（double sensation）。另一是他人身體經驗觸動自身的身體經驗，以一種想像方式呈現的感觸性（黃冠閔，2009b）。醫護工作中，時常出現身體感官的觸碰經驗，有時是身體檢查或治療時的工作任務導向（task-oriented touch），有時是一種建立連結與關愛地觸碰

（connective and caring touch）（Frdriksson, 1999）。另一種是想像的感觸性，是身體透過對他人經驗的想像，產生自身的體察。關於身體觸覺的想像經驗涉及一種視覺感，視覺包括兩種形式：一種是反思型，另一種是具體型。前者是一種心靈的檢視、判斷、信號的解讀，後者是透過身體的活動在思想與空間的界面裡，形成靈魂與身體的組合體，是由觀看的思想（thought of seeing）進入行動的視覺（vision inact）（Merleau-Ponty, 1964）。如同莊子中提到的「以神遇不以目視」（Billeter, 2002/2009）。

團體帶領者可透過想像的感觸性，產生自身的體驗，由體知而與他人同調（embodied attunement），同感成員當下的經驗，促進團體的運作（Cohen, 2011）。如果感官經驗可以開展個人的生命經驗，感官與感觸性的身體經驗又是如何在團體運作？

本章以筆者出席2011年2月「美國團體心理治療學會」，參與的身體經驗團體（somatic experiencing group）與世代間團體（intergenerational group）為例，探究團體活動中身體觸覺與自我感的運作。

## 一、感官活動的身體經驗

身體經驗團體，由具體身體觸覺感官產生對心靈的作用。此團體透過彼此輕觸的活動，讓人聆聽來自身體的聲音，由兩位心理師主持，參與者約14人。藉由不同的身體活動，感覺自我身體肌肉或情緒狀況，之後分享此活動前後的身體感。

其中一個活動是2人一組的碰觸活動，一人坐著且閉著眼睛，另一人站在他的身後，碰觸其雙肩1分鐘。主持人請被觸者試著將意念抽離身體，於1分鐘後回到身體，再請觸摸者的雙手，輕輕、

緩慢地離開被觸者。之後，兩人彼此交換位置，重複一次活動。團體分享時，觸摸者提到，體察手掌感受到被觸者的身體；被觸者分享，由身體經驗出現心理的狀態。一位被觸者詢問主持人，讓觸摸者的手「輕輕緩慢離開」的理由，主持人反問：「當時妳身體在說什麼呢？」這位被觸者回答：「被觸感的消失，好像有種失落感，像是害怕失去什麼。」主持人當下即問：「我是否可以碰觸妳？」接著主持人的手碰觸其肩膀，被觸者分享此刻的感受：「起初腹部稍感不適，漸漸的，此感覺慢慢消失。」接著，主持人的手緩緩離開其肩膀。雖然被觸者這次未感到失落，卻仍閉著自己的雙眼。主持人要其張開眼睛看看大家，被觸者拒絕地說道：「我沉浸於內在的平靜，不想接觸外在。」主持人重述一次：「睜開眼睛，看看每個人。」被觸者才睜開眼睛。團體分享時，被觸者談到：「現在睜開眼睛時，不僅維持著注意自己內在的沉靜，卻能同時聆聽大家的談話。」顯示出真正的凝聽，不僅聽外界，同時注意內在經驗。

　　第一個階段的閉目靜坐，把混亂的心念集中起來，純粹自我中心的定靜。第二個階段，睜開眼睛，進入團體「注意自己內在沉靜」的凝神與「聆聽大家的談話」的脫體（「遊化」），是莊子身體觀「外化而內不化」的兩股相反相成作用力（楊儒賓，2009）。由第一階段到第二階段是由小我解放出來，範圍逐漸擴大，融入到整個團體之中，與團體合而為一的禪定。向內心看時無限深遠，向外界看時，無限廣大（聖嚴，1999）。顯示身體經驗帶著深度感，並引向空間的深度，除了「自己感覺自己」、「自己體證自己」的生命感，並且是相當自我啟示的自我給予（黃冠閔，2009a）。觸覺的身體經驗，顯示身體不是世界的一個物件，而是與世界溝通的媒介；另一方面身體也是進入自己的門道（黃冠閔，2009b）。

## 二、感觸性身體經驗

　　世代間團體，在對話中呈現感觸性的身體經驗。此團體由兩位心理學家主持，兩位主持人具父子關係，也意味著代間關係。參與者約14位，年齡約為28～70歲，整天的活動中，以觀賞一部印度電影〔Namesake〕為主軸，提出觀後討論。此片闡述異文化中的親子衝突，每一段落之後，成員分別說出電影映照出個人的感受，團體中一位日裔美人提及自身在美國社會中，常忘了珍惜日本珍貴的文化。此外，影片中親子衝突似乎感染每個人，幾乎每位成員皆能述說出某種親子間的緊張關係，團體中呈現一種「去個人化的現象」（deindividualization）。一位自稱是酷兒的女性提及自己的太太懷孕，另一位聽力不好的老先生，接著說得知孫女是同性戀的衝擊與釋然……。

　　團體中「去個人化的現象」，呈現出「好像他人的直覺與動作的表現（對我們）產生一種內在侵蝕的關係」（蔡錚雲，1991）的自我感觸或他異感觸，這不僅在影片與個人生活之間，也呈現在成員彼此之間。他人的身體與我的身體共存，他人的能知覺與我的能知覺連繫在一起，他人的同性戀立場連結到自己孫女的同性戀立場，一種共同知覺的方式存在著，是身體給予的雙重感覺所呈現的反身作用，由觸覺的反身作用產生自我覺察（黃冠閔，2009b）。因此，自我知識的來源是由知覺身體的互為主體經驗（蔡錚雲，1991），透過經驗的推演與過程的發展，每個人依所看到的面相說出語言，認識事件，產生新的意義，促成自我感的生發。

## 結語

身體經驗屬於沉默的世界，表達著非語言的意義，不是那麼實證的，但卻構成主體超越的場域。團體中的身體與語言具有同樣重要的地位，身體是促發感覺的表現，言語是使觀念得以表達，團體中的身體，引發成員對身體感受的覺察；團體中的言語，澄清身體經驗與個人的思緒，身體與言語交織之下，促成團體成員的轉化。

團體是社會的縮影，每個團體成員都背負著自己的歷史與生活，進入團體互動情境中，必然興起身體的受觸感，這些身體的感觸性，引發內斂、不逃脫的自己開始運作，使生命的觸動，進入自我啟示的神聖生命。身體經驗工作坊與世代間團體，涉及不同形式的觸覺經驗。身體經驗工作坊是透過身體的觸摸與被觸摸，是一種直覺的和直接的；世代間團體是不透過具體動作的感觸，經過心靈推演和過程說出語言。身體經驗工作坊，在身體的承受、受感發、受感動中，出現自我觸動；在觸碰中觸摸自己的肉體反身性，不停留在意識的反思或反省，將身體主體與世界交織、相互鑲嵌，了解事物的整體。世代間團體，是意識的反思或反省，個人依其反思，所看見的面相說出事件。顯示無論是由身體的經驗，或是由反思，顯示生活祕密地滋養我們的身體，身體經驗工作坊，更是直接由觸覺經驗的身體感進入的自我開啟，直覺地了解事物的整體。

## 自我評量

1. 指出感觸性身體經驗的現象類型。
2. 指出自己參與的團體活動中，合於感觸性身體經驗的現象。

## 參考文獻

陳鼓應（1999）· *莊子今註今譯* · 台北：商務。

黃冠閔（2009a）· 神聖與觸摸——對「勿觸我」的現象學反思 · *中央大學人文學報*，38，31。

黃冠閔（2009b）· 觸覺中的身體主體性——梅洛龐蒂與昂希 · *台大文史哲學報*，71，36。

楊儒賓（2009）· 無盡之源的厄言 · *台灣哲學研究*，6，1-38。

聖嚴（1999）· *禪的體驗·禪的開示* · 台北：法鼓文化。

蔡錚雲（1991）· 知覺現象學家：梅洛龐蒂 · 於沈清松編，*時代心靈之鑰：當代哲學思想家*（144-168頁）· 台北：正中。

Billeter, J. (2009) · 莊子四講（宋剛譯）· 北京：中華書局。（原著出版於 2002）

Cohen, S. L. (2011). Coming to our senses: The application of somatic psychology to group psychotherapy. *International Journal of Group Psychotherapy, 61*(3), 397.

Frdriksson, L. (1999). Modes of relating in a caring conversation: a research synthesis on presence, touch and listening. *Journal of Advanced Nursing, 30*(5), 1167-1176.

Merleau-Ponty, M. (1962). *Phenomenology of Perception*. New York: Routledge & Francis.

Merleau-Ponty, M. (1964). "Eye and Mind", (trans by Carleton Dallery) In James M. Edie (Ed), *The Primacy of Perception* (pp. 159-190). Evanston: Northwestern Univ. Press.

# Part 3

# 實務篇

# 第十四章 小組教學團體的對話與關懷

## 學習目標

1. 認識小組教學團體的運作。

2. 了解團體對話的關懷現象。

3. 指出促成學習團體運作的因素。

## 摘　要

　　本章旨在依據人本教育與團體治療的觀點，探討護理學系學生在精神衛生護理學習團體中的對話與呈現的關懷現象。經由團體過程記錄與分析指出四個關懷性現象，前兩項是關於與自己的關係：(1) 培養對人我關係之敏感性，增進自我了解；(2) 引發內在意識之流轉，找出存在的意義。後兩項是關於與他人的關係：(3) 經由團體對話之自我回顧，了解對方立場；(4) 透過團體分享，重整家庭經驗。最後並探究促成此關懷現象形成之因素，包括學習情境的豐富性、師者的催化角色、學習者的觀照能力。

## 關鍵詞

　　對話、關懷、自我、小組教學、人本教育、護理教育

## 一、對話與團體互動

　　對話是小組教學團體的重要元素，但是，我們能否由平日的對話中感受到或學到愛人的心？什麼是對話？有意義的對話是一種平等的交談以達到兩種視界的交融，可以使談話者將整個身心融進去，在談話後使人感受到脫胎換骨，使精神生活進入更新更高的層次；如果沒有平等，就成了教訓與被教訓、灌輸與被灌輸（滕守堯，1995），因此，對話的情境就包括當事者的立場、過去經驗、當時環境、對話方式、對話內容等。如何創造可以對話的空間？團體如何產生有意義的對話？團體的帶領者，是促成團體產生有意義對話的關鍵人物，但這不意味他／她必須主動訂出題目促成討論，而是團體進展中的參與觀察者（Foulkes, 1984b），也是團體氣氛的測量計（Brandman, 1996），在凝聽成員互動時，需要嗅出團體成員的立場而做必要的反應，此反應的話語，宜精簡且能引發思考。因此是一種平等，相互用心傾聽、關懷的學習情境中，老師是對話的促進者（dialogue facilitator）（Grams et al., 1997），是要透過此種學習情境使學習者主動去了解對話情境、進一步體會對話的意義，並轉化自我的經驗與感受（余玉眉，1986；蔣欣欣、馬桐齡，1994；Chiang, Tseng, & Lu, 1997）。

　　面對團體對話的活動時，老師作為團體的帶領者，如何引發學生認真地凝聽、體察內在經驗的態度，探索對話的情境與意義以能建構關懷？在蔣欣欣、馬桐齡（1994）的研究中曾指出，教育者以「欣賞的批評」這種態度，可以帶出視界交融的對話，另一位學者指出，師生的關係不是成效的評量者與被評量者，而是意義與重要價值的共同探索（Diekelmann, 1990）。以講授為主的教學方式僅呈現單向溝通，團體對話的教學中，教育者如同團體帶領者，可以

有多面向的溝通。但是，團體帶領者如何採用欣賞批評的態度？欣賞批評是一種進入對方的世界，思考其立場，進而引導學生思考，共創學習的情境，培養學生思辨對話之情境與建構關懷內涵的能力，這種能力或許能在團體對話的教學情境產生。

## 二、關懷因素與團體的治療性因素

注重照顧關懷理念之學者華森（Watson, 1989），根據團體之治療性因素（therapeutic factors）（Yalom, 1975），發展出10項關懷性因素（carative factors）（表14-1）（Cohen, 1991）。比較治療性因素與關懷因素內容項目，可發現其中有些異同之處。前者來自團體治療效果之評量，是以當事人的立場言說；後者，是以帶領者的視野來看。因此，前者由當事人立場出發的普及性，在關懷因素中不易找到對應。有些因素間存有一種相互生成的關係，前者提出成長的目標，自我了解；後者提出成長過程，培養對他人與自我之敏感性。另外，華森較重視現象學的角度，提供一個較廣的關懷視域，並帶出一種人性化且利他的價值體系（Higgins, 1996）。但華森的論點中，有許多名詞尚不清楚，其所指稱的關懷的因素，也需要再深究（Stolorow, 1996）。雖然有學者批評華森對關懷的述說不夠具體，或是創一些新字，例如：超越人際的（transpersonal）、關懷的（carative）等字典中找不到的字，甚至只模糊提出「關懷可以讓人在自身之外反觀自我」（reflect the self back upon the self），而且批評其關懷具有讓人超越外在限制的痊癒說法是不科學的，進而認為華森應該比較像個神學家，而不像科學家（Barker et al., 1994）。愛與關懷也許是神學家所關注的議題，但是在照顧的層面是如何運作與學習，仍是值得注意與探究的。

表14-1　治療性因素與華森的關懷性因素對照表

| 治療性因素（Yalom, 1975） | 關懷性因素（Watson, 1989） |
|---|---|
| 11項因素 | 10項因素 |
| 利他性（altruism） | 人性化利他價值體系的形成（formation of humanistic-altruistic value system）<br>提供需要的協助（assistance with human needs） |
| 寄予希望（instillation and maintenance of hope） | 希望與信心的灌注（nurturing of faith and hope） |
| 自我了解（self-understanding） | 對他人與自我敏感度之培養（cultivation of sensitivity to self and others） |
| 團體親和性（group cohesiveness） | 助人的信賴關係之發展（development of helping-trusting，human caring relationships） |
| 宣洩（catharsis） | 接納與促進正向與負向情感之表達（promotion and acceptance of the expression of positive and negative feelings） |
| 輔導（guidance） | 創造性解決問題之關懷過程（creative problem-solving caring process） |
| 認同（identification）<br>人際學習（interpersonal learning） | 超越個人教學之促進（promotion of transpersonal teaching-learning） |
| 重整家庭經驗（the corrective recapitulation of the primary family group） | 支持保護與修正的身心靈環境之提供（provision of supportive, protective or corrective mental, physical, socio-cultural and spiritual environment） |
| 存在因素（existential factors） | 存在現象與靈性力量的認可（allowance for existential-phenomenological-spiritual forces） |
| 普及性（universality） | |

## 三、團體中的關懷現象

此小組教學團體，包括第一部分是病人組成的治療性團體（護理系學生爲觀察員，文後以護生爲簡稱），此團體之病人以學生照顧之個案爲主要邀請成員；第二部分是實習護生組成之分享經驗與想法的團體，是非結構式的成長團體。

實習學生團體，每組5～6人的小團體，舉行5次，每個團體時間爲50分鐘。

學習團體中的關懷現象，分爲以下兩類：

### ㈠ 關懷自身

### 1. 培養對人我關係之敏感性，增進自我了解。

意指學生在團體中，經由彼此討論病人的行爲，觀看自身，經驗到自己的處境與變化。包括從試圖理解病人發現自己；比較現在與過去的自己。

(1) 試圖理解病人而發現自己：我們在看他們，就好像在看自己。

護生對病人在團體中不斷找答案的方式感到不解，後來發現自己在學習團體中也是如此。

在第一梯次的第二次團體中，學生談到觀察病人團體中，一位25歲，躁鬱症的女病人與其他病人之間互動的情形，「她會徵求每個人的答案！可是我不知道她到底有沒有聽進去！我覺得她只是不斷地在找！」同學們接著在團體中說出對這個病人的不同觀點：「她可能需要朋友。」「會覺得她在找答案，可是自己已經有個答案。」此時，帶領者在凝聽學生對病人的一段抱怨之後，苦思該如

何讓學生理解病人的立場,當聽到學生做上述評論時,發現這是切入的機會,希望能由學習者自身的體驗發現共有的立場,而利於學生對病人的理解。帶領者就說到:「剛聽你們在談,『當我在提問題時,我心裡多多少少都有些答案?』」之後,另一位談到:「我是覺得自己在提出問題的時候,心中有個雛形,別人在講的時候,就會抓來一些自己想要的。」有位同學跟著說:「我們在問人問題的時候,如果答案不是自己想要的,就會再問第二個人。」(沈默10秒)帶領者就繼續問到:「那我們今天在這裡是做什麼?」團體沉默45秒後,一位同學說「我們在看他們,就好像在看自己,……是不是我對這些東西有感覺!……可能會去看到自己的東西,會更清楚!」

在臨床教學中,適度地使用沈默,可以增加學生自省的能力(Evans, 2000),沈默能使個體有時間仔細地分析他人的論點,同時,也較不會將自身的觀點強加在他人(Jaworski, 1993)。團體對話中的沈默也是個人進行內在對話的時候。在上述案例中,帶領者容納團體中的沈默,引導反省此時若個人固執自己的想法,那麼我們存在於此團體之意義為何?藉此發現學生在沈默中,由對病人團體中之提問者的看法,反省到自身也是個提問者,整理自己與他人的關係,能夠藉著他人認識自己。

(2) 比較現在與過去的自己:發現自己比較不會說別人不好。

由病人的情況,經由引導,比較不同時空中自己的處境,發現自己的改變。

當學生在第四次團體中,談及青春期的病人與自己同學間相處的困擾,帶領者希望藉此引發同學反省自己的經驗,就問其同學間相處的情形,有位談出:「像以前遇到難溝通的人,會說她不好,

可是來這邊之後，會想以前的同學生氣的時候，她想表達的是什麼？」一位同學後來說：「我以前遇到這樣的同學，就閃啊！少接觸，不理他，現在就比較不會躲她。」帶領者好奇她如何發現自己的變化，就問及：「什麼時候發現自己有不一樣？」學生答：「其實我剛才發現的，因為老師在問，剛才就去想最近的生活。」

上述帶領者引導學生在說的行動中反觀自身，在回答問題的反觀中發現自己的不同。言說者自己也是聽者，人從言說中了解自己（余安邦、薛麗仙，1999）。在上述團體過程中，帶領者引發學生產生反映性思考（reflective thinking），說出自己的經驗，經過團體對話去思考自己的處境。由於團體中成員可以有不同觀點，藉著比較自己與他人經驗，如「我們在看他們，就好像在看自己。」或自己現在與過去的經驗，如「發現比較不會說別人不好。」能夠更清楚地認識自己，培養出對他人與自己行為的敏感度，這種敏感度可以幫助我們體會對方的立場，因此能夠提升關懷他人的能力。

### 2.引發內在意識之流轉，找出存在的意義。

意指學生在團體中，由外在經驗感受到病人的遭遇，產生內在意識活動反觀自身的處境，經過說出彼此生活學習經驗的感受，體會到必須對自己負責。如「就算被關住了，你還是有辦法找自己要的生活。」

第一梯次團體第一次討論中，學生說出自己進入精神科病房，發現病房大門必須上鎖。感受到病人想要自由自在，但卻被關在這裡。團體帶領者聽到學生的訴說後，希望藉此引導學生反省「被關」的感受，說出：「我們都被關在一個地方。」當帶領者說出後，團體安靜下來，沈默約25秒，接著另一學生提到：「我不知道

我們是不是被關在一個地方，就算被關住了，你還是有辦法找自己要的生活。」

接著，又有位同學整理她過去的閱讀與現在處境，說出她對「被關」的看法，是一種沒有能力選擇：「人已經被關在一個個四方盒子裡面，可是當我自由的時候，是我能選擇我要到哪個四方盒子……當我被關起來……沒有能力選擇想要去做什麼，可是當你不能去做的時候，就有一種被關起來的感覺……所以能夠體會病人的感覺。」

後來，引起話題的同學，繼續比較她此刻與過去實習的經驗，也就說出：「奇怪，這裡門鎖得緊緊的，可是我沒有感覺自己被關起來，可能因為我可以出去……這是一種經驗的比較……以前實習都要做很多routine的事，我覺得很討厭，門都是開的……卻覺得自己被關著，每次一實習完，就覺得自己被釋放。」此時另位也說：「我們被自己關住了。」當學生談到外在的有形空間，對應著這無形的心理空間，帶領者再次強調有形的現實空間：「可是我們這裡門是關著的。」同學又反應：「……可是我們的思想是自由的……，就像我們現在討論，我們還可以把它抓來這個時空討論，同樣的，我們也可以去想像未來的生活。」

同學由病人被關的處境反省自己的感受，回憶起過去實習中受限制的經驗，此時再由觀看過去的經驗中，發現另一種存有的立場，提到：「對呀！……那時候我們實習，怎麼想也不會知道有什麼好滋味，因為不理解為什麼每天要那麼緊張，做那麼多的事……可是當初如果能想另一方面，可能就不會那麼痛苦。」由上可知，成員了解到雖然人是被局限住的，但思想是自由的，可以利用人思想的自由跳出自身的牢籠，達到自身的安寧。

當五次團體結束時，一位學生在實習心得上寫到她內在意識的抉擇：「本來擔心自己再也沒有這樣的（學習團體）機會去讓自己成長，自己該向誰學習呢？其實，這是不需擔心的。因為看過團體之後，我知道自己可以從周遭去學習，生活在人的世界中，我們隨時皆可從周遭去學習，不必拘泥在團體，人人皆為我師，隨時都可以從身邊的人事物去學習。」

由上述案例中，發現團體的對話，視域從目前經驗到的小團體，推演至其他實際生活層面的問題。思緒也在不同時空中竄流，在小團體中，思考當下的感受，整理過去的經驗，找出另種面對未來生活的存在方式，療癒自己過去的無力，相信自己能獨立面對日後的學習生涯。從被關的感受、擔心失去學習的機會，到採用另種觀看的角度，顯示在團體對話過程中，內在能夠自發形成與過去不同的態度。發現個人的自由意志對自身的意義，這種發現也正是意義治療學派所努力的方向（Frankl, 1976）。

## ㈡關懷他者

### 1. 經由團體對話之自我回顧，了解對方立場。

意指學生於團體中，反省自己行為之後，體認病人的立場，進而學習照應他人的方式。

(1) 體認病人的立場

由反觀自己的學習態度，領悟病人顯現「自我中心」的意涵。

在第二階段的第四次團體中，剛開始時，學生討論病人團體中一位躁鬱症女病人，不聽別人（護生）的意見。「我覺得××非常自我為中心，她都希望別人聽她講的，可是對別人跟她說的好像她都不聽。」在一段討論後，有位同學分享自己在與老師個別討

論學習困境後的體認：「其實，我們來這裡學習，就需要用經驗驗證，……別人講的，若沒有自己嘗試，就永遠都不是自己的。」另位同學聽了就根據這個觀點，說：「所以她（病人）會（需要）自己想辦法去體驗！」在團體快結束時，原來的提問者反省到：「後來想一想，覺得病人不想要聽我的，好像也是我自己的主觀。因為自認很了解，其實也不一定。」在團體中針對困境的對談，能藉著先了解自己對事物的習慣，再推及病人的立場。

(2) 找出照應他人的方式

在談到對應病人的抱怨時，經由同學說出自己的體驗，了解對於病人的抱怨是需要傾聽，不必做太多分析、建議。

上述過程之後，其他同學又提到：「他們（病人）講的事情，常很多都不是我們經驗過的。常很努力去想，可是還是不知道怎麼辦？」帶領者詢問其他同學的經驗，有位說到：「如果是我，還是會給建議，會用我的想法來跟他講我的感覺。」又有位同學以自身的體驗說出不同的觀點：「我覺得像在（宿舍）寢室，需要情緒宣洩，其實不一定要（別人）給意見。就是希望別人聽聽抱怨，不要做太多分析、建議。」她又繼續說出立場：「有時候面對病人的時候，免不了會有責任，所以就給建議，犯的最大的毛病就是，每次病人說什麼，還沒聽清楚病人的立場，就開始給他建議。」

由上述兩個例子中，護生先說出對病人行為的困惑，再由反觀自己的經驗，體認病人的立場。這些是透過團體中討論，從認同病人的處境，或反觀自己的經驗，鍛鍊各種立場，找出另一種對應病人的方式。這種學習是透過團體中個人對自身行動的察覺（若沒有自己嘗試，就永遠都不是自己的），與個人行動對外部世界介入的覺察（尚未了解病人就給他建議），交換彼此在實踐上的經驗，促

成由團體中呈現的各種經驗間的對話，從反省自身而關懷他者。

## 2. 透過眞誠分享，重整家庭經驗。

意指學生在團體進展的晚期，經過定期的數次團體互動之後，清楚團體中彼此支持的立場，能夠說出被喚起的個人家庭經驗，包括自己對家人的影響，及家人對自己的影響。經由檢視過去的經驗，找出另一種生活觀點。

第一梯次學生團體第五次討論中，成員從觀察病人團體中，看到病人對父母的關心感受很大的負擔之想法：「我也才想到我一個人在台北只要心情不好，不論大小事就打電話回家，……因爲自己講過就忘了，可是家人還可能帶著這個包袱過日子，自己是不是也造成了家裡的壓力？」

在第二梯次的第五次團體中，學生提到對家庭的看法：「精神科實習，發現『家庭』很重要，是個很大的結，……有時候會想，試著想讓那個結鬆一點，可是我覺得很難喔！」後來在帶領者引導下，一段時間之後，她提到自己家庭的經驗：「我的家人相處有一點問題，就是起衝突，我就會陷在那種情緒之下，可是現在會去分析那個衝突，比較能夠去想。」帶領者再問到「（能夠去想）對你的生活有幫忙嗎？」她接著說：「不會一直陷入那個情境，我會再看清問題，可能比較不會停在那裡。」

學生在團體中，談到觀察病人團體中所說的家人關係，反省到自己與家人的關係，包括自己給家人造成的麻煩，或是家人給自己的困擾。這種反省都發生在團體的最後一次，在本項的第二例中，成員在團體剛開始時，只是概念式地說出家庭是個難解的結，後來才具體說出自身的家庭經驗，可能是因爲團體之初，成員也在

試探自己能說多少，到後期發現團體對話中，含有對各種立場的支持性，才能談出自己的家庭經驗。團體的支持是談出家庭經驗所必要，因此才能反省與重整自己與家庭關係。然而，此團體只有五次，只能讓該成員看清問題，需要自己再去面對，但是我們未能再有機會了解面對的結果，如果是較長時期的團體，較能幫助學生重整家庭經驗。

## 四、促成學習團體功能的因素

學習團體中，可以發現學生經由團體對話的啓發，能夠對自己與家庭的關係，以及照顧病人的立場，有異於過往的觀點，發現自己的能力，成爲開展關懷能力的個體。亦即，學生在此團體對話中，能夠轉化其與自身及他人的關係，達到了解自己與關懷他人。這種能力是無法單由外力強植於個人內心，而是在成長的情境中，由內在生發出來。這個過程中，涉及學習情境的豐富性、師者的催化角色、學習者的觀照能力。

### ㈠ 豐富的學習情境

學習情境的豐富性，包括面對困頓的空間與時間，對話的團體，實踐體驗的機會。成爲照顧者，不僅涉及提供照顧的知識技術，還牽扯著自己的價值觀，以及作爲一個人的成長經驗。

在目前醫療模式的護理教育中，多數的實習課程是忙碌於外在知識技術的學習，較少關注內在經驗中的困頓。某位在精神衛生護理學實習學生的作業中寫到這種經驗：「每當我一再地接觸她，觀察她，一次次的我也反省內心的自我，也是對我人格的挑戰……。」由於護理實踐是在臨床複雜的情境中展現關懷，在照顧

精神病人的情境中，必須有充分的空間與時間面對自我與他人的存在。若是以過去重視知識、理性的線性思考方式，缺乏面對自己感知層面，是難以理解病人。團體對話是突破過去只由老師回答問題，而是鼓勵多樣態的對話與思考，是一種經由行動（對話）中反省，並且經由特別案例經驗的反思以建構知識，而產生由實作中達成自我和與他人共處的學習，這是利於關懷能力的養成。並且，關懷的教育是種德性的教育，必須主要由內在經過自己行動與經驗的鍛鍊而生成。

## ㈡ **教師的催化角色**

在學習團體中，老師所扮演的角色是團體的催化員，身為此種團體帶領者，必須了解團體的動力，知道以權威者角色灌輸知識，無法幫助成員產生真誠自在的互動。文獻中提及團體的帶領者，如同團體的溫度計，必須能夠敏銳的察覺與傾聽團體的進展，這樣才容易適時引導對話；團體帶領者也如同一位交響樂團的指揮，促成不同演奏者（團體成員）交織出一首美麗的生命樂章。

團體對話進展的過程中，帶領者需要信任團體的能力（trusting the group）並且隨時檢視自己（monitoring self）。這種團體帶領者的立場，是團體分析治療者所秉持的原則，將此原則用於學習團體中，可以引發團體成員的互動。

信任團體，意指相信團體成員在對話的述說中，可以發現自己所需要的安頓或啓發。人的存在，與人們對自己的解釋是分不開的，只有在講述自己故事時，自己才是自己，自己才能認識自己。同時，在彼此述說過程中，不僅將回答在轉瞬間轉成新的提問，使問中有答，答中有問，產生不同情境間的交融（滕守堯，1995）。

讓成員跳脫原有的困境，無形中找到安頓。此安頓是基於語言具有表達與引發的功能，語言越自發性，越有益於當事人處境的康復，也就是能經由承認他者，調整自我與他者的關係，直到自我與他者、與其他萬物整合於道，因而超越一切意義建構而融合於道（沈清松，1997）。

檢視自己，是帶領者在團體進展過程中，需要不斷努力的工夫，以能引發學生或成員正視遭逢的情境。是一種行動中反省的立場，這種立場在帶領團體時是必須的，帶領者需要將自己對成員之原初的直接反射，化為能夠引發成員的反映，這種反映如同一面鏡子，不帶批判地提供照現。使雙方在相互平等、尊敬、友善的平衡關係中生成對話（滕守堯，1995），此時，帶領者提供的不是法官式的論斷，而是一種欣賞式的批評（朱光潛，1988）。

亦即，當學生對精神病房門禁的管制提出批判時，帶領者的原初反射是：「這種關於現實情境的批判，對當下的照顧與學習沒有益處。」但帶領者反省到自己這種想法，對學生的學習也是無益。因此，試圖理解學生想法時，引發帶領者檢視自己如何批判生活的困境，發現「困境」是共有的存在經驗。因此，帶領者說出彼此共有的存在立場：「我們都被關在一個地方。」試圖讓學生反觀自身，以引導成員不再把對話專注於對外在環境的批評，從而轉為內在經驗的省察，這種反省是一種當遭逢困惑，從內在感知的領域去找尋出路，經由個人內在與外在的對話，找出超越之道。學會對自己生命負責的態度，如「就算被關住了，你還是有辦法找自己要的生活。」

### ㈢ 學習者的觀照能力

　　學習者的觀照能力，包括對內在與外在世界的感知。經過對內在經驗的檢視，利於理解他人的經驗；經過外在世界的體察，利於形構內在經驗世界。學習過程中，除了豐富的學習情境，以及教師的引導，還需要學習者的參與。前兩者，只在提供一種外在世界，若要發展出超越自己而關懷他人的能力，則需要學習者參與觀照當下生活與過去經驗，省察實習的照顧經驗。學習團體提供這個省察的情境，由當下與過去的經驗，開展出推己及人的能力。

　　當下的照現，即是團體功能中鏡照反應（mirroring reaction），意指團體如同設有鏡子的大廳，可以照現彼此，產生自我修正復全（Foulkes，1984a）。當學生認真地傾聽對方（說者）的聲音，才可能經由聽到他人的話語，引發自身在腦海中萃取出個人過去經驗，重現的經驗與現有的訊息不斷作比較的工夫，才能「在自身之外反觀自我」，意即藉著他人照現自己，也就是結果中呈現的「我們在看他們，就好像在看自己。」透過自我觀照，能夠脫離過去實習經驗造成的束縛，找到更恰當的立場去面對工作，這也顯示，此團體提供照現的機會，促成學習者對情境的理解而產生療癒（healing）或復全。學生經由觀察團體中病人的對話，反思自身，學習另一種照顧或對應方式，出現超越的立場。這種自我超越不是疏遠我與自身或環境的關係，而是脫離過去自我設限的部分，產生個人內在、外在及不同時空界限的開展（Reed, 1996）。學生在團體中經由理解病人，比較自己現在與過去，而更認識自己。由個人經驗的整理，而展現專業自我的關注病人態度。

　　觀照，是由身體經驗出發，是轉化投身於現實而生之困頓的源頭。學習團體出現的四個主題之關懷內容，常經由親身體驗的困

頓產生，想要解決外物所造成內在的不安，即藉由對外界的感知，引發內在的反思，同時，藉著內在的搜尋，使個人內在經驗得以重現、整理，找出事理後，再投射於對他人（病人）的理解，這是一種在互為主體的過程中，展現同理的形成。學生在說出自己對病人處境的困頓後，經過團體對話，經由對自己經驗的覺察，可以同理到病人的不斷抱怨、不接受意見、生活受限制的立場，開放出自身心靈的自由，進而能推己及人，找出照顧病人的方式。顯示出學習者透過自身存在（自我了解、存在意義的呈現）與他人立場（照應他人、家庭經驗的重現），兩者之間的交織、纏繞，不斷地重構經驗，產生新的意義。

## 結語

　　人性的關懷涉及人我關係的反思實踐，可以透過小組教學團體，得以開展。本文依據觀察小組教學團體的資料分析，指出，透過團體功能的運作，所引發的相互觀照與關懷，包括：(1)培養對人我關係的敏感性，增進自我了解；(2)引發內在意識的流轉，找出存在的意義；(3)牽動個人生活經驗，藉此理解對方；(4)透過真誠的分享，重整家庭經驗。上述四種團體對話中關懷現象的誕生，是基於三項條件，包括學習情境的設計與安排，教師的信任團體與檢視自己的能力，以及學生面對困頓的觀照能力。

## 自我評量

1. 描述團體對話中呈現關懷現象的意涵。
2. 指出自己參與的團體活動中的關懷性因素，並舉例說明。
3. 指出影響學習型團體功能的因素。
4. 比較關懷性因素與治療性因素之異同。

## 參考文獻

余玉眉（1986）‧護理教育的理念‧*護理雜誌，33*（3），11-14。

余玉眉（1991）‧護理學研究方法專論‧*台大護理學系成立三十五週年專刊*，XIII-XVI。

余玉眉、蔣欣欣、陳月枝、蘇燦煮、劉玉秀（1999）‧質性研究資料的量化及詮釋——從研究例證探討臨床護理研究方法與認識學，第二部分：研究例證之分析與詮釋‧*護理研究，7*（4），376-392。

余安邦、薛麗仙（1999）‧關係、家與成就：親人死亡的情蘊現象之詮釋‧*民族學研究所集刊，85*，1-51。

沈清松（1997）‧復全之道——意義、溝通與生命實踐‧*哲學與文化，24*（8），725-737。

李選（1994）‧護理教育之發展‧於陳月枝、李選等合著，*護理學導論*（113-150頁）‧台北：偉華。

朱光潛（1988）‧靈魂在傑作中冒險：考證、批評與欣賞‧*談美*（45-53頁），台北：大夏。

蔣欣欣（1985）‧護士在住院病人團體心理治療中的支持性角色‧*榮總護理，2*（3），289-295。

蔣欣欣、馬桐齡（1994）·生命成長之展現──「護理專業問題研討」課程之回響·*護理研究*，*2*（4），339-348。

蔣欣欣（1996）·自我與團體──團體治療在護理領域應用之自我案例分析·*中華團體心理治療*，*2*（2），3-11。

蔣欣欣（1999）·團體分析的沿革與發展·*中華團體心理治療*，*5*（3），4-10。

滕守堯（1995）·*對話理論*·台北：揚智。

Barker, P., & Reynolds, B. (1994). A critique: Watson's caring ideology, the proper focus of psychiatric nursing? *Journal of Psychosocial Nursing, 32(5),* 17-22.

Brandman, W. (1996). Intersubjectivity, social microcosm and the here-and-now in a support group for nurses. *Archives of Psychiatric Nursing, 10(6)*, 374-378.

Chiang, H. H, Tseng, W. C., & Lu, Z. Y. (1997). The mirror phenomena in clinical group supervision for psychiatric nurses. *Proceedings of the National Science Council, ROC(C), 7*, 363-370.

Cohen, J. (1991). Two portraits of caring: A comparison of the artists, Leininger and Watson. *Journal of Advanced Nursing, 16,* 899-909.

Diekelmann, N. (1990). Nursing education: Caring, dialogue, and practice. *Journal of Nursing Education, 29(7)*, 300-305.

Evans, B. (2000). Clinical teaching strategies for a caring curriculum. *Nursing and Health Care Perspectives, 21(3),* 133-137.

Foulkes, S. H. (1984a). Psychodynamic process in the light of psycho-analysis and group analysis. In S. H. Foulkes (Ed.), *Therapeutic group analysis*. London: Maresfield, pp. 108-119.

Foulkes, S. H .(1984b). Group Therapy. In S.H. Foulkes (Ed.), *Therapeutic group analysis.* London: Maresfield, p50.

Frankl, V. E. (2004)．*活出意義來：從集中營說到存在主義*（趙可式、沈錦惠譯）．台北：光啓。（原著出版於 1967）

Grams, K., Kosowski, M., & Wilson, C. (1997). *Creating a caring community in nursing education. Nurse Educator, 22(3)*, 10-16.

Higgins, B. (1996). Caring as therapeutic in nursing education. *Journal of Nursing Education, 35(3)*, 134-136.

Hughes, L. (1992). Faculty-student interactions and the student-perceived climate for caring. *Advances in Nursing Science, 14(3)*, 60-71.

Jaworski, A. (1993). *The power of silence.* London: Sage.

Reed, P. G. (1996). Transcendence: Formulating nursing perspectives. *Nursing Science Quarterly, 9(1)*, 2-4.

Stolorow, R. D. (1996). An analysis and evaluation of Watson's theory of human care. *Journal of Advanced Nursing*, 24, 400-404.

Watson, J. (1989). Transformative thinking and a caring curriculum. In E. O. Bevis & J. Watson (Eds.), *Toward a caring curriculum*. New York: National League for Nursing, pp. 51-60.

Yalom, I. D. (1975). *The theory and practice of group psychotherapy.* New York: Basic Book.

# 第十五章　團體對話中的反思學習

## 學習目標

1.了解團體反思學習的歷程階段。

2.指出團體對話與傳統講授教學的不同。

## 摘　要

團體對話助於學習者思辨力的發展，本章以參與觀察「護理導論」之課室教學方法，探討小組教學中的反思學習。反思學習歷程包括驚奇、身陷其中、啟發三個階段。驚奇階段，學習者注意到不同於以往的學與教，激發探索的動機；身陷其中的階段，學生學習如何主動探索、相互學習與思考訓練，並對自己負起責任；在啟發的階段，學生認識對話的價值、省察護理活動中的關懷與設定人生的目標，學習關懷他人。此對話中呈現的反思，是需要透過學習者的自主性、學習的親身性以及互為主體性，才能促成關懷態度的成長。

## 關鍵詞

小組教學、團體對話、反思學習、關懷、啟發

　　在教學的歷程裡，教師如果總是重視講授知識與教導的技術，可能會使學生失去經歷驚奇、發現問題、試探假設、評值等重要的智能習慣（intellectual habits）（Noddings, 2003）。反思學習（reflective learning）不同於傳統被動聽講，是一種學習者主動參與的深度學習，讓個體在對話中重新思考原初知識、自我感知與生活經驗，對生命產生新的了解（Brockbank, 2007）。當學習者在人我互動歷程中，重新檢視自己的人生，真誠地面對自己真實的感受，接受本身的條件與限制，了解到人的有限性，就不會以高度理性化的冷酷對待別人（Noddings, 1995/2000）。清楚自己所在的位置，及對他人的意義，進而發展自己的目標（Rogers, 1961/1990），讓每一剎那的生存，都是具有意義且充實的，進而全心希望每個人，都能找到生命意義的快樂（Ricard, 2007）。由負起照顧自身的責任（Foucault, 1988），進而懂得對他人負起責任。

　　這樣深度的學習，需要通過人與人的互動經驗，不是由上而下的理論灌輸（Mezirow, 1990），而是在參與對話的實際經驗中取得知識（Birchenall, 2000）；不是表淺知識內容之獲取，而是轉化生命經驗的深度學習（Tanner, 1998）。團體對話中的融入（embeddedness）與探詢（enquiry）（Pines, 1996），促成師生之間的平等且沒有權威宰制，學生容易融入討論中，發展自主能力，進行自我探索，增進人際敏感度，找出存在意義（蔣欣欣、陳美碧、許樹珍，2003）；發展自在自得與愛人能力的自我轉化（蔣欣欣、馬桐齡，1994），以及省察自己的學習方法、體驗知識的建構過程、學習思考提問與團隊合作，並且整理過往的學習經驗（蔣欣欣，2002）。在深度學習中，學習者對於知識、自身與世界進行反

思，就是開始發展批判性思考的能力（Mezirow, 1997），學到如何提出問題，而不僅是個人對問題的解決（Kupperschmidt, & Burns, 1997）。

近年來，小組教學是台灣醫護教育界相當重視的教育改革措施（梁繼權、呂碧鴻、李明濱、謝博生，1999；蔣欣欣、余玉眉，2005），這種小組教學顛覆過去由專家講授的教育方式，重視學習者主動參與對話。但是，如果小組教學缺乏團體對話，只是由大班講授換成迷你型演講，無異於傳統講授，學習者依然落於被動聽講的處境，無法產生主動學習的負責態度。

團體對話雖能促進學生深度思考的反思學習，但是對於在升學主義洗禮下習慣被動聽講的大學一年級學生，是否可能產生此種深度思考的學習？這種反思學習的歷程為何？以下將說明某一大學一年級學生在「護理學導論」的課程反思學習。

## 一、課程設計

### ㈠ 學生背景

為某大學護理學系於2006年修習「護理學導論」課程的一年級學生，所有的學生都是普通高中畢業後（非技職高中），進入大學開始就讀護理學系，年齡為18～20歲，男生5人，女生36人，共計41人。分組教學時，全班分成8小組（由學生自行決定分組方式），每組5～6位學生，每個小組都由受過小組教學訓練之護理學系教師帶領，分組討論的指引見表15-1。

表15-1　分組討論指引

| 項目 | 內容 |
| --- | --- |
| 目的 | 1.分享經驗，促進合作學習。<br>2.認識自己與護理專業的關係。<br>3.商討實地訪談過程中所遭遇的問題。 |
| 方法 | 1.流程：<br>　(1)暖身（由同學提出個人閱讀或訪談的經驗）10～20分鐘。<br>　(2)提出議題（共同決定此次團體討論的話題）10分鐘。<br>　(3)議題討論40～50分鐘。<br>　(4)總結（整理討論重點並分享心得）15～20分鐘。<br>2.討論主持人由老師或同學擔任。<br>3.團體觀察員，負責記錄團體進展流程，每次輪派同學擔任，上網繳交會議紀錄。 |

## ㈡ 課程簡介

　　「護理學導論」爲必修課程，每週2小時，共18週。授課方式，除了教師講授，實地訪談具有生病經驗者及護理人員等之外，進行五次小團體分組討論及四次大團體之期末報告。其中三次教師講授的題目分別爲：「護理與人生」（由護理教師們分享個人的護理故事）、「生活在歷史之中」（認識護理的傳承），以及邀請參與印度垂死之家照護的外系老師介紹其經驗（了解人間的疾苦與關愛）；五次小組討論的主題爲「我的抉擇與盼望」、「生病的失與得」、「護理照顧的發現與省察」、「讀書心得分享」、「總回顧」。每次討論結束後，需撰寫一份學習作業，內容包括主要的學習經驗與心得，這份作業也成爲大團體期末報告的素材。期末分組報告題目在教師的引導下，由學生自行擬定（見表15-2）。

表15-2　期末報告題目與內容重點

| 組別 | 題目（學生自訂） | 報告的內容重點 |
|---|---|---|
| 第一組 | 這一刻誰來談護理 | 人的基本需要、病人承受異樣的眼光、護理人員的自責與負責 |
| 第二組 | 潛水鐘與蝴蝶 | 關於安樂死與安寧照護 |
| 第三組 | 是誰？！搶走護士們的飯碗？ | 比較公共衛生與護理的教育、法案、業務（訪問副署長、參觀衛生所） |
| 第四組 | 如何爬護理階梯？ | 護理能力進階制度、男護士 |
| 第五組 | 死亡筆記本 | 死亡的定義、安樂死、病情告知（影片：一公升的眼淚） |
| 第六組 | 你會是一名好護士嗎？ | 護理人員與病患的人際關係、護理師執照考試 |
| 第七組 | 病人心、護理情——深入護理 | 護理工作面臨之倫理法律議題（離職原因、北城事件等） |
| 第八組 | Who is a good nurse? | 成為好護士的重要特質：同理心、信仰、專業 |

## 二、反思學習的歷程

學生在團體對話為主的護理導論課程中，呈現驚奇、身陷其中、啟發三個階段的反思歷程，啟發其關懷自身與他人的學習態度。

### ㈠ 驚奇

驚奇是指學習者經歷著不同於其想像中以講授與考試導向的教與學，而感到訝異，引發不一樣的學習。

### 1. 不一樣學的氛圍

不一樣學的氛圍包括：需要參與，無法上課睡覺；需要思考，

無法依賴老師與教科書；需要把握時間，無法嬉鬧。

(1) 需要參與，無法上課睡覺。

學習者由課程名稱，預言這是一堂無趣的課，但是在課程實作中，改變原初的想法。「說實在的，我一開始認為，既然這堂課叫『護理學導論』，應該是一堂和課本脫離不了關係的課吧！大概就是老師在台上講得口沫橫飛，學生在下面睡得東倒西歪的那種。但是，當第一堂課老師要我們分組，並且各組只有一個老師時，我知道，這堂課絕對不是一堂用來休息的課了！」

(2) 需要思考，無法依賴老師與教科書。

學習者最初以為學習是依靠精美教科書、教師講解、考前畫重點。透過實際參與課程之後，學習者產生不同於過去的學習方式。「我以為是像高中那樣，有一本印刷精美的課本，上課方式是有位老師在台上，慢慢地講內容，其中還可安插些自己的經驗，最重要的是考前還會幫我們畫重點。但是，我錯了！沒有所謂的課本，沒有只有一位老師（多位），沒有大家一起上課而是分組帶開上課（PBL）。」另一位學習者也提到：「不再是只要坐在位置上聽老師講，而是需要大家一起思考，說出每個人的感受。」

(3) 需要把握時間，無法嬉鬧。

此課程不同於過去經驗的小組討論方式，學習者必須做好時間與主題的掌握。「之前在高中的時候也曾有過幾次的分組討論經驗，可是缺少了Time keeper（時間控制員），時間總是在大家的嬉戲打鬧中一點一滴地溜走，而討論出來的主題內容也空洞無比、缺乏內容。所以，從護導的小組討論過程中，我才真正地學習到規劃時間、時間掌控，以及如何有效地把主題討論出來的技巧。」

## 2. 不一樣教的態度

不一樣教的態度是指學習過程中教師生動的開場，用心聆聽，適時提問，引發學習的興趣，使得學習者產生好奇心，能說出自己的看法。

教師生動的開場引起學習的好奇心，「老師們現身說法，說明從以前到現在一些護理的經驗、護理人員所應具備的觀念……老師們的開場白很生動，讓我對這堂課有了濃烈的好奇心。」

討論的過程中，老師用心聆聽學習者的觀點，適時提問，增進學習的動力。一位學習者提到他的觀察：「在我們大家一起的討論中，老師也提出問題，讓我覺得老師也有在聽，也有跟我們一起想，雖然是個小舉動，但是讓我們覺得準備的有價值吧。」另一位學習者提到：「其實有很多地方我們都只是講一個故事的表面，老師就把話題帶到一些很值得討論的地方，接著就會帶著我們討論，說說自己的看法。」

討論過程中，教師的態度，讓學習者感到自己的努力被肯定，這種自我肯定不是由考試或分數所建構，而是來自教師用心的參與。

## ㈡ **身陷其中**

身陷其中是指學習者驚訝於不一樣的教與學經驗之後，而自然陷落於學習的情境，不再只是被動的等待教導，而是親身參與學習的歷程，包括主動的探索、相互學習與訓練思考。

## 1. 主動探索

學習者親身參與的學習方式，產生對知識的需求或是好奇，進而主動探索環境，提升自身的層次。

「我覺得護理學導論，其實可以說是給了我很大的驚奇，比起我一開始的不怎麼期待，到最後每堂課的身陷其中。」身陷其中，使得自己成爲主動的學習者，自己主動去圖書館找資料，「我發現，雖然整個課程裡面沒有要我們去看護理學導論這本書，但是很奇怪，我自己自動跑去圖書館找了書來看……。」此課程最後的團體報告結束後，學習者依然抽空參與校外醫學人文的活動。學習者注意到自己是「開始漸漸不會消極的接受醫療之事，而是主動的去吸收相關方面的知識。」

## 2. 相互學習

學習者投入於小組討論，能夠醞釀出一種快樂氣氛，一位學習者如此描述其經驗：「小組討論使得每個人必須去認眞思考共同的問題，每個人的想法也都不一樣，藉此就可以互相地影響……，不知不覺也有了一股團結的力量，分工合作地去找資料，一起討論老師所出的問題，學習過程中，現在回想起來眞的十分快樂。」

## 3. 訓練思考

學習者在親身參與學習的過程中，產生不一樣的思考。一位同學如此述說：「透過這種上課方式，雖然未必可以讓我們應付『執照考試』，但是讓我們有了不一樣的『思考』……，讓我們的腦袋運動，訓練自己『稍稍專業』的思考方式，透過訪問病人、訪問護理人員、讀書心得，抓出『護理』的東西，互相討論，不論是對於過去、現在、未來！」這種身陷其中的腦袋運動，是源於深刻感觸的體悟，「坐而論道不如起而力行，書中的理論固然是前人智慧的結晶，但能永遠支持著我們以堅定無比的心來走護理這條長遠的路所需的啓發、信念與感動，卻是我們有了深刻的感觸後才能體悟的

真理。」

在身陷其中的境遇裡，學習不再沈悶而是有趣，同學之間發展出同舟共濟的情誼，開啓屬於自己的思考，產生快樂的學習。

### (三) 啓發

啓發意指學習者由親身投入的身體經驗，產生實踐之智，包括認識對話的價值、省察關懷者的角色、設立人生的目標。

### 1. 認識對話的價值

學習者藉由省察親身參與實地訪談與小組討論的經驗，體認對話對學習的意義，「我想，我終於知道，爲什麼我們要修護理學導論這堂課，爲什麼要去訪問，爲什麼要一次又一次地討論。在討論中，我們能學到的，遠遠比老師上課教的還多。」另一位學習者直接指出對話的方式幫助其認識護理專業：「很慶幸，每次的分組討論並不是要耍嘴皮子，而是一次次的經驗分享、思慮交換。我想，這門課確實是很成功地把我『導入』了護理的領域。」

### 2. 省察護理活動中的關懷

透過團體的師生對話，省察護理照顧中的專業態度，包括個人的情緒位置與病人的處境。

期末團體分組報告時，某組同學的報告中提到：「護理人員要能『燃燒自己照亮別人』。」之後，老師問到：「如果把自己燃燒完了，那麼以後怎麼辦？」學生回答：「燃燒自己是指一種無私的奉獻，未必是犧牲自己，是要去關心病人！雖然不容易做到，但是，真正的愛是默默的照顧，卻不讓他知道。」老師正想繼續問：「『默默的照顧，卻不讓他知道。』這麼崇高的理想，怎麼可能達成？」當下，有位參與討論的同學卻更直接地問到：「如何在燃燒

自己與照亮別人之間取得平衡？」接著另一位同學回應著：「要保持理性客觀，不要情緒涉入。」但是，人如何可能沒有情感？又有同學說：「可以像充電電池，沒電時再去充電。」除了課堂上的對話，學習者在個人的期末作業，繼續省察這個議題，「看到病人受苦，心裡還是悽悽然；因為我們是人類，不是沒有生命的護理機器。」帶出一種護理人員所經歷的情緒勞務（emotion labor）。

此外，學習者由訪談病人與討論的經驗中，學習考量病人的立場，指出告知病情的方式：「你千萬不可以一次就說出來，有時候他們會承受不了這種刺激；取而代之的是，你可以從旁切入，先給他們一些相關知識，再慢慢的縮小範圍，接著引導他們進入核心，這樣才不會太突然，讓他們措手不及，以致無法接受。」這位護理學系一年級尚未進入臨床實習的學生，在觀察互動與對話中，能夠了解病人處境並且選擇合宜的照顧方式。

## 3. 設立人生的目標

透過課程中不同方式的對話，學習者思考自己的人生目標與護理專業特質的關係，不再茫然，期許自己成為靠得住的人，找到歸屬感，奠定終身學習的基礎。

不再茫然，是來自團體的對話，「這學期的課程中，有一次是討論為什麼會讀護理學系，使我受益良多，藉由和同學們的討論，我不再因為自己是分數到了才填護理學系而感到茫然，我設立了目標，要成為一位好護理人員。」

成為值得信賴的自我期許是，「一直想當個可以讓人依靠的人，護理可能就是我最想要抓住的這種感覺，病人可以放心的把自己完完全全交給你，那種靠得住的感覺真的很酷！」

　　歸屬感的意涵內容為：「我找到的卻是一種很強烈的歸屬感。……好像我來到這世界，就是為了這樣的使命，守候著每個生命，保護每個求助者，讓他們在面對生命最困難的部分時，能夠更有勇氣，努力前進。所以，我想通了。既然都是救人，當醫師和護理人員，對我來說，已經沒多大的差異了。」

　　奠定終身學習的基礎，是由於學習者提到：「這學期的護理學導論，我們沒有背過課文，沒有考試過書本中的一詞一句，但我們卻比誰都還明白，未來的我們，該如何繼續在護理這條路上前進，並且隨時隨地的充實自己，成為優秀的護理人員。」同時，在終身學習的路上，也思考到：「如果可以的話，真的很希望可以一直上著這種會為自己的人生觀帶來衝擊的課，而衝擊不是打擊自己的想法，取而代之的是將自己的人生觀提升到更遠、更高的境界。」

## 三、教與學的省察

　　反思學習中的驚奇、身陷其中、啟發三個階段，具有時序性（見圖15-1）。由循序漸進的教引導出不一樣的學，從驚奇的階段開始，發展反思性學習的技能，包括參與、主動思考、把握時間。在身陷其中階段，孕育反思學習的內容，透過小組對話主動探索、相互學習、思考訓練，檢視各種可能立場，跳脫出個人主觀的局限，修養自身。進入啟發階段是反思性學習的成果，學習者認識到對話的價值，省察護理活動中的關懷與個人學習目標，產生負起責任照顧自身與他者的關懷態度。此過程中學生提到在相互學習裡感到快樂的經驗。Nodding指出，快樂學習包括準備、孕育（incubation）與啟發（illumination）三個階段（Noddings, 2003），學生能受到啟發是源自於個人主動的準備，以及隨後的孕

圖15-1　反思學習歷程

育，是經由驚奇與身陷其中。驚奇是一個學習的準備階段，引發
學習的主動性。身陷其中（falling-into）是自然陷落於當下的處境
（Dreyfus, 1995），是被動的接受情境中所給予的孕育。啓發則
是具有自發性（spontaneity），無法以揠苗助長的方式強迫拉拔產
生。

　　驚奇是反思學習的樞紐，Nodding的快樂學習教育理念中，並
未提到驚奇。柏拉圖認為驚奇是哲學的開始，亞里斯多德將驚奇解
釋成驚異與困惑。當人發現此刻的感知與過去的認識發生不對等
（mis-matchedness）（Pribram, 1963），就開始會感到驚奇，驚奇
者意識到自己對可知事的無知，就試圖邁向更好的境界，也就是學
習的開始。另有學者指出驚奇（wonder）是結合好奇（curiosity）
與驚嘆（awe）的感覺（Nussbaum, 1997），學生們透過驚奇學會
去想像還有一個隱藏的內在世界，會把生命、情感和思想放入一個
形式裡，這個形式具有一個隱藏的內在。隨著時間，學生們會以更
熟練的方式，學著去說護理照顧的故事，也會把別人當作一個廣大
深邃且值得尊重的對象。在思想中置身於所有他人的地位，孕育批
判性思考，以及包容共有的了解，形成一種品味。在反思的運作中
做出選擇，擺脫依賴教師講授的被動學習，產生心智的擴展，邁向

「發現自我（identity），找到呼召（vocation）」的大學教育目標
（Maslow, 1971）。反思學習的準備階段，引發學習者的驚奇感是
需要注意學習者的自主性與學習經驗的親身性，在孕育與啓發的階
段需要關注學習的互爲主體性。

## (一) 學習者的自主性

　　學習者擁有掌控學習內容的自主權，產生本眞的存在感，
容易促進自發性的學習（Handerson, 1997；Rayfield, & Manning,
2006）。當學生在教師的引導下，自己選擇團體成員，自行決定
分組報告的主題，引發學習動力，就主動去圖書館、聽演講、找
資料，產生一種自我負起責任（self-responsibility）的學習態度。
學生「稍稍專業」思考的腦袋運動，是一種思索每項事物意義的
沉思型思考（meditative thinking）；不是關注應付「執照考試」，
重視利益的算計型思考（calculative thinking）（蘇永明，2006；
Heidegger, 1962），是其深化的學習涵養。學習不以學期爲畫分的
切點，而是不斷的延伸。學習不是應付外在要求，而是滋養自己的
歷程。教科書不只是應付考試的材料，而是探詢知識的資源；課堂
不是唯一學習的場所，圖書館、校外資源都是學習的舞台。這種
學習如同遊戲，具有免於自我疏離的自由，讓學習者成爲完整的
人，生成一種避免人性片面化的美感經驗（崔光宙、饒見維編，
2008），塑造出快樂的學習，奠定終身學習的基礎。但是，反思學
習需要學習主體付出冒險的勇氣（Dempsey, & Halton, 2001），因
此，學習者的成熟度和準備度不同，可能影響反思學習的進行。

## (二) 學習經驗的親身性

　　知識的運作是源自身體各種感官吸收的訊息，於每一個經驗的

當下，出現對過去經驗的反思（reflection），以及對自己未來的期許。

在「驚奇」中不一樣的教與學，以及「身陷其中」的主動探索，相互學習、訓練思考，顯示學習不是來自外加的灌輸，不是高度結構化的事先規定，而是自己必須提供學習內容，是「一次次的經驗分享、思慮交換」，不只是「耍耍嘴皮子」。實地訪察，產生相互對話的素材；老師的導引，將對話引入更高層次的問答，可以使文本的意義在這動態的過程中不斷生成，直到無限（滕守堯，1995）。參與對話給我們機會問問自己為什麼這麼做，以及這麼做會帶來什麼樣的後果，其中涉及人與人之間完全的接納、深刻的反省、審慎評估、不斷修正，以及深入的探索（Noddings, 1995/2000）。擴展與修正原初的視野，形成實踐知（knowing-in-action）（Johns, 1998）。專業養成教育中，引導學習者運用各種感官經驗產生轉化的學習，是護理教育中相當重要的一環（Rayfield, & Manning, 2006）。這種轉化能力，如同一門藝術，由最初的模糊、不明確，透過對話澄清與身體力行，由做中學不斷地創生（Schon, 1987）。親身性促成反思實踐中投入、反思、對話的歷程，產生實踐知能，培育出專業角色的自我超越性（Chiang, et al., 2007）。

### ㈢ 學習的互為主體性

學習的互為主體性，是指師生雙方重視彼此的存在，並形成一個安全自在的學習情境，透過相互參與對話，培養探索與領悟的省察力。由不一樣的教引發不一樣的學，在驚訝、好奇中體會發現問題的樂趣，經過省察過去的學習行為，勇於面對內心深處的想法與

感受，形成新的洞察（蔣欣欣，2006）。在身陷其中的歷程中，面對團體中的他者，走出自己局限（Murray, 2003），這種能夠勇於面對自己，承接異於己的他者，是需要一個夠好（good enough）的環境，進行情緒的覺察（emotion work）（Theodosius, 2008）。當學習者卸下武裝，自由地試煉、開展、創造，才能自在地發展真我（Winnicott, 1971），使清淨光明的本性得以展現。若是缺乏資源與支持的學習情境，難以孕育具有成長功能的省察（Hall, et al., 1994；蔣欣欣、馬桐齡，1994；曾雯琦、蔣欣欣、陸汝斌，1998）。在互為主體的團體對話歷程中，教師擔任反思學習的催化者，呵護著學習者的好奇，同時「把話題帶到可以討論的方向」。是「帶著學習者一邊走一邊想，一邊分析一邊提問……，讓我想講的話，從她們的口中說出，並反過頭來質疑挑戰我的論點。」（張小虹，2007）但是，教師應具備哪些有助於引導討論話題的知能，是值得繼續探究的議題。

## 結語

在團體對話為主的導論課程，促成學生由最初的驚奇，身陷其中的孕育，之後，啟發其關懷自身與他人，顯示反思學習的一個歷程。驚奇引發探索的好奇與興趣，使人身陷其中，透過親身的探索，認識自己並了解他者，產生知識，得到啟蒙。若要培養學生的反思學習能力，教師除具備專業知識之外，同時需要關注學習者的自主性，學習經驗的親身性與互為主體性。在課程設計時，除了課程內容的漸進性，也需要注意教學活動的對話性。在小組對話的教學活動中，教師若是了解團體動力，能夠促進凝聽與引導討論的能力，助於反思學習的進展。

## 自我評量

1. 描述一個團體對話的學習經驗（包括：人、時、地……）。
2. 指出上述經驗中自身的反思與學習。

## 參考文獻

崔光宙、饒見維編（2008）・*情緒轉化：美學與正向心理學的饗宴*・台北：五南。

梁繼權、呂碧鴻、李明濱、謝博生（1999）・以問題爲基礎之學習在小班教學之應用・*醫學教育*，3，164-172。

張小虹（2007 年）・三少四壯集——權力的光點・*中國時報*。

曾雯琦、蔣欣欣、陸汝斌（1998）・不同型式學習團體對臨床護理實習的效果・*國科會研究彙刊*，8（1），1-8

蔣欣欣、陳美碧、許樹珍（2003）・小組教學團體的對話與關懷之研究・*應用心理研究*，18，207-225。

蔣欣欣、馬桐齡（1994）・生命成長之展現——「護理專業問題研討」課程之回響・*護理研究*，2（4），339-348。

蔣欣欣（2002b）・形構人本小組教學的學習要素・*醫學教育*，6（4），415-424。

蔣欣欣、余玉眉（2005）・大學護理課程之變革歷程・*護理雜誌*，52（2），56-60。

蔣欣欣（2006）・*護理照顧的倫理實踐*・台北：心理。

滕守堯（1995）・*對話理論*・台北：揚智。

Ricard, M.（2007）・*快樂學——修練幸福的 24 堂課*（賴聲川、丁乃竺譯）・台北：天下雜誌。（原著出版於 2007）

蘇永明（2006）‧*主體的爭議與教育*‧台北：心理。

Birchenall P. (2000). Nurse education in the year 2000: Reflection, speculation and challenge. *Nurse Education Today*. 20, 1-3.

Brockbank, A., & McGill, I. (2007). *Facilitating Reflective Learning in Higher Education*. (2ed.) Maidenhead, England: Open University.

Chiang H. H, Chen M. B, & Sue I. L. (2007). Self-state of nurses in caring for SARS survivors. *Nursing Ethics*.14, 18-25.

Dempsey, M. & Halton, C. M. M. (2001). Reflective learning in social work education. *Social Work Education*. 20, 631-641.

Dreyfus, H. L. (1995). *Being-in-the-world*. Cambridge, Massachusetts: The MIT Press.

Embree, L. E. (2006). *Reflective Analysis*. Bucharest: Zeta Books.

Foucault, M. (1988). Technology of the self. In Martin, L. H, Gutman, H. & Hutton, P. H., (ed.) *Technology of the self: a seminar with Michel Foucault* Tavistock, London, (pp. 14-69).

Glaser, B. G., & Strauss, A. L. (1967). *The discovery of grounded theory: Strategies for Qualitative research*. Chicago: Aldine.

Hall, J., Stevens, P. E., & Meleis, A. I. (1994). Marginalization: a guiding concept for valuing diversity in nursing knowledge development. *Advanced Nursing Science*. 16, 23-41.

Handerson, J. G. (1997)‧反思教學（李慕華譯）‧台北：心理。（原著出版於 1992）

Heidegger, M. (1962). *Being and time*. San Francisco: Haper.

Johns, C. (1998). Opening the doors of perception. In Johns, C., & Freshwater, D., (eds.) *Transforming nursing through reflective practice*,

London: Blackwell Science (pp. 1-20).

Kupperschmidt, B. R, & Burns, P. (1997). Curriculum revision isn't just change: It's transition! *Journal of Professional Nursing*.13, 90-98.

Maslow, A. H. (1971). *The Farther reaches of human nature*. New York: Penguin.

Mezirow, J. (1990). *Fostering critical reflection in adulthood : a guide to transformative and emancipatory learning*. San Francisco: Jossey-Bass.

Mezirow, Jack. (1997). Transformative learning: theory to practice. *New Dircections for Adult and Continuing Education, 74*, 5-12.

Murray, J. W. (2003) *Face to Face in Dialogue: Emmanuel Levinas and (the) Communication (of) Ethics* Lanham, Maryland: University Press.

Noddings, N. (2000)．*教育哲學*（曾漢塘、林季薇譯）．台北：弘智。（原著出版於 1995）

Noddings, N. (2003). *Happiness and education*. Cambridge, New York: Cambridge University Press.

Nussbaum, M. C. (1997/2009)．培育人文：人文教育改革的古典辯護（*Cultivating Humanity: A Classical Defense of Reform in Liberal Education.*）Harvard University / Chengchi University, Taipei.

Pines, M. (1996). Self as group: Group as self. *Group Analysis*. 29, 183-190.

Pribram, K. H. (1963). The new neurology: memory, novelty, thought and choice. In Glaser, G. H, (ed.) *EEG and Behabior*. New York, N.Y.: Basic Books (pp. 149-173).

Rayfield, S. W., & Manning, L. (2006). *Pathways of teaching nursing*.

Bossier City, Louisiana: ICAN.

Rogers, C. R. (1990)．*成為一個人：一個治療者對心理治療的觀點*（宋文里譯）．台北：張老師。（原著出版於 1961）

Schon, D. A. (1987). *Educating the reflective practitioner*. San Francisco: Jossey-Bass.

Tanner, C. A. (1998). Curriculum for the 21st century -- or is it the 21-year curriculum? *Journal of Nursing Education*. 37, 383-384.

Theodosius, C. (2008). *Emotional labour in health care: the unmanaged heart of nursing*. New York: Routledge.

Winnicott, D. W. (1971). *Playing and Reality*. New York: Routledge.

# 第十六章 訓練團體中的成長

學習目標

1.了解訓練團體的運作方式。

2.認識訓練團體對成員的影響。

摘　要

　　本章由整合治療性團體與成長團體的兩階段訓練團體，指出團體互動對護理人員專業自我的影響。兩階段團體，包括病人團體（50分鐘）以及之後的護士團體（50分鐘）兩部分，每週一次，每次團體均有2位帶領者，6至10位成員，進行12次的團體對話。分析團體互動內容發現，團體的鏡照與分享，促使護理人員專業角色的轉化，由體察、省察到包容。此外，兩階段式團體促進互為主體性的展現，有利於同感能力的培養。

關鍵詞

　　參與觀察、成長團體、自我、互為主體性、鏡照

　　護理人員在工作時，不僅面對被病人擾動的情緒，也要面對自己內在被勾起的經驗，但是護理人員的情緒常被忽略或壓抑，產生護病關係的分裂、對自我意義與感覺的否認（夏林清，1994），形成自我疏離，影響照顧病人的品質。此外，我國護理的養成教育深受生物醫學的影響，重視科學技術，在重視科技發展的結果下，使得護理人員忙碌於不斷更新的科技中，削弱對人性的關注，常注意疾病的治療，忽略生病時對病人的意義，實際上，生病的意義並不同於疾病本身（Toombs, 1993；蔣欣欣、盧孳豔，1996）。

　　基於關懷立場發展的人性化護理（humanistic nursing）（Paterson & Zderad, 1976），強調互為主體性的互動（intersubjective transaction），主張護理活動中有許多不同主體間生命的對話，其中包括了客觀的科學世界與主客觀間的生活世界。

　　護士需要經由與他者互動產生個人內在的督察（internal supervision），讓自我達到去中心化（decentering）的開放性態度，護士本身對個人的省察，會影響觀看病人的立場，也展現於對病人的態度上。護理人員，本身具有「治療性工具」的角色，在引導病人對話的敘事（narrative）本身即為治療（Giddens, 1991；Mishara, 1995）。

　　團體氣氛的營造和開放包容，促進成員自我覺察的能力。護理人員在工作中常接觸到不同形式的團體，必須能深入體會了解帶領團體的方式，這是護理工作極為重要的技能。

## 一、團體活動簡介

　　兩階段式團體由病人團體與護理人員團體組成，團體帶領者各2位，6～10位團體成員，進行12次的團體對話；先是病人團體（50

分鐘），之後由原先擔任觀察員的護理人員組成爲成長團體，每次的團體時間爲50分鐘。成長團體成員之年齡爲27至39歲（平均爲31歲），工作年資爲102.5個月，每位成員參加團體次數爲7至9次。

## 二、團體中的鏡照與轉化

根據訓練團體之護理人員團體內容進行分析，發現團體的鏡照與分享，能促使護理人員專業角色的轉化（圖16-1）。

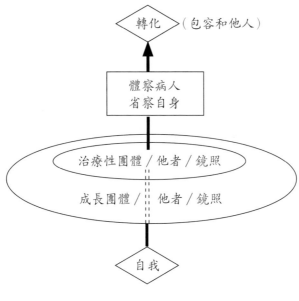

圖16-1　訓練團體之成長

### ㈠ 鏡照與分享

### 1. 團體提供觀看自己的機會

一位護士認爲：「我們這個團體，它不是教導我們怎麼樣去過日子；而是，怎麼樣去學習情緒的管理，不是一些很具體的東西。

但是，倒是在每一個人的分享當中，我可以以別人爲鏡子，看看我……我們自己。」

## 2. 團體提供對話的空間

另一位護士提到團體讓她有訴說的機會，即是「要跟同行對話，但不是與親人訴說。」理由是「我不希望讓他們（親人）去感受到我在工作上的一些不愉快，跟擔心，……他們又不在這個事件發生的當中，所以不是很清楚啊！可是不講，又會覺得憋著好難過……。」

提供成員對話的時空，成員間相互映照彼此，使護理人員能夠有機會沈澱與觀照自己。

## ㈡ 專業角色的轉化

護理人員根據所觀察的病人團體，引申對專業角色的省察，進而能夠包容病人異常的行爲。

## 1. 體察病人處境

觀看病人的團體，體察病人處境。在護士團體中，談到一位再次住院的二十多歲的男性躁鬱症病友（A），於治療性團體中出現尿失禁的不適當行爲。

負責照顧A的護士說到：「我倒是從A的身上，看到一些滿好的部分，是他可以先去同理別人，鼓勵別人，我覺得這部分他倒是做得滿不錯的。」另一位來自其他單位的護士則直接指出A行爲的不恰當：「他會去傾聽別人……說出自己的看法……，但是，像我們解小便一樣……難道他都沒有感覺嗎？怎麼會尿下來才知道？不知道是否他膀胱的問題，或是他個性上……。」此時，又有一位剛由內外科轉到精神科工作的護士，也提到對病人行爲的不解：「我

昨天聽到一個護士說，之前因為工作很忙，常憋尿，就得了UTI
（尿路感染）。我在想說，其實我們正常人不是也是這樣子嗎！或
者是說，我們也好像常常去忍住，然後多給別人一點，我只是在
想，所以他到底是怎麼回事？」

　　接著，一位資深的護士提到：「可能是因為他症狀的關係，
因為他忙著聽……別人講，處理不同的狀況，然後他要給他一些回
答，他太忙了，以至於像我們其他病人都會忘了吃飯、忘了喝水，
那是不是他忘了去尿尿。」聽了這位資深護士的意見之後，負責照
顧A的護士提到：「我贊同這個說法，A有提到說他來參加這個團
體，不只是要幫忙自己，也要幫助其他人，還有他接下來一些跟其
他成員互動的方式，感覺起來他真的是都以幫忙為導向。」

　　在上述護理人員的團體對話過程中，護士們深入了解病人行為
的意義，不簡單的將病人尿失禁的行為標定為疾病症狀而已。由這
個理解的歷程，可以發現，理解之前是先將自己投入一個困惑的情
境，由自身過去的經驗脈絡試圖加以理解，當仍然無法明白，產生
內在的不安；團體成員透過不同的角度，勾畫出病人的處境，使困
惑者不再僅以自己的角度理解病人。

## 2. 省察自己的生活

　　理解病人經驗的過程中，也省察自己的生活，一位護士提到，
「這個病人好像是團體的主持人，雖然關心其他病人，但是，他並
不是真的知道怎麼去處理這些狀況，只是他自以為他可以去幫助別
人……。」這個說法引起另一位護士觀照自己（由人觀己）：「我
覺得常常我們也是會自以為是（笑）的給別人很多東西，然後會覺
得自己是對的……。」這位護士除了由病人的行為省察自己與他人

的關係，也繼續觀照自己與自身的關係：「……像病人忘了去吃飯。其實我們也會……我覺得我自己的層面是情緒或心情，會把它壓抑下來……然後回家，也沒有去做很好的處理，或是去想一想到底今天自己是怎麼回事。」團體的對話也引發她想起前些日子的經驗，同事注意到她「臉很臭」（笑），詢問她怎麼了，但是「我也不知道我怎麼了？我只是覺得……只是覺得很煩。」最後她的省察是：「其實這是我們生活上，不管是病人，或是我們自己的工作……我們要去做的是想想自己怎麼了。」之後，團體成員們反身省察個人的生活經驗，開始分享自己的情緒與處理。

### 3. 包容他人的行為

當護士省察自己，發現自身的有限性，就能包容他人的行為。一位護士注意到自己，有時雖然情緒調整好了，但是還是無法處理所面對的事物。這個經驗使她明白人的有限性，進而能夠理解病人的經驗。她說：「剛才大家提到調整自己的部分，我自己覺得最困難的部分是，當你情緒處理得差不多，你還是要去面對那件事情的時候，你要改變一些自己的堅持的時候，就會很痛苦，那是個天人交戰（笑）。所以，有時候看病人他們，就會去想想自己要改也那麼困難，我自己都做不太到，怎麼去要求病人一定要做得到。」

## 三、兩階段訓練團體中的互為主體關係

護理人員經由認真的傾聽對方（說者），能經由他人的話語，引發自身在腦海中萃取出過去經驗，產生一種對他人的感通，且體悟自身，轉化經驗，包容他人，擴展生命的空間。這個過程包括投身體察、反身省察到對話包容，使得護理人員跳脫自我保護的封閉

狀態，由以己度人或由人觀己的省察中，能夠超越我自身（蔣欣欣、陳美碧、蔡欣玲，2003）。

　　精神科的護理人員，日夜都在病房與病人相處，常是病人的角色模仿對象，因此護士自身就是一個治療性的工具，護士需要清楚自我的狀態，才能避免增加他人的負擔。在團體對話中可以發現，病人的行為觸動護士去觀看自己的身體經驗，再由省察自己轉化為對病人的包容。在此情境中，能夠體察與省察，注意到人的有限性，對病人產生更多的包容，提升護理人員的專業態度。

　　兩階段訓練團體提供不同形式相互觀照的機會，包括護士與病人之間，以及護士與護士之間。透過觀照，人類日常生活相互牽連的情感，自然出現在此團體之中。這種相互觀照是團體的鏡照功能，意指經由團體不同成員互動的過程，個人可以從別人身上發現從未被自己注意到的，或過去一直被潛抑那部分的自我，也可能由他人對自己的反應發現自己新的部分。此團體成員能夠自在的分享，經驗到以「以人為鏡」，促進自己的變化。這種變化不只在團體成員，作為觀察員透過團體的對話，也可產生由人觀己的省察。

## 結語

　　此兩階段訓練團體，邀請護理人員分別擔任觀察者及參與者兩種角色，身為觀察者的角色時，除了由人觀己的自我覺察，與以己度人的包容他人，也觀摩帶領治療性團體的方式；透過參與團體的觀照反思，對照顧活動產生新的眼光與方式，包括了解自己、思考存在的意義、學習另一種與人相處的方式、重整自己在家庭中的角色。兩階段式的團體，主要促成護理人員更能體察團體動力與自我轉化，而有助於發展帶領治療性團體以及提升照顧病人的能力。

## 自我評量

1. 描述兩階段訓練團體運作的方式。
2. 指出成員在訓練團體的鏡照與轉化。

## 參考文獻

夏林清（1994）·*大團體動力*·台北：張老師。

蔣欣欣、陳美碧、蔡欣玲（2003）·建構照顧情境中專業自我——自身與他者之間·*本土心理學研究*，19，201-226。

蔣欣欣、盧孳豔（1996）·健康疾病的文化觀與現象分析·*護理雜誌*，*43*（4），42-48。

Chiang, H. H., Lu, Z. Y., & Wear, S. E. (2005). To have or to be: ways of caregiving identified during recovery from the earthquake disaster in Taiwan. *Journal of Medical Ethics, 31*(3), 154-158.

Giddens, A. (1991). *Mordernity and self-identity: Self and society in the late mordern age*. Stanford: Millberry.

Mishara, A. L. (1995). Narrative and psychotherapy-The Phenomenology of Healing. *American Journal of psychotherapy, 49*(2), 180-195.

Paterson, J. G., & Zderad, L. T. (1976). Humanistic nursing: A lived dialogue *Humanistic nursing* (pp. 23-40). New York: John Wiley and Sons.

Toombs, S. K. (1993). *The Meaning of Illness: A Phenomenological Account of the Different Perspectives of Physician and Patient*. Norwell, MA: Kluwer.

# 第十七章　癌患及其家屬團體

## 學習目標

1. 指出癌患及家屬團體關注的議題。
2. 認識癌患團體出現的治療性因素。

## 摘　要

本章介紹癌患及其家屬於團體治療中的議題，團體議題的形成與流動，以及在癌患團體治療的治療性因素。

癌患團體議題可歸納爲二部分：一、與個人身體狀況有關，包括：(1) 接受治療引起的身體不舒適感；(2) 疾病診治的過程。二、與外界狀況有關，包括：(1) 疾病對家庭的衝擊；(2) 對生命觀點的變化。呈現的團體治療性因素有：普遍、存在、宣洩與家庭經驗再現等。

　　惡性腫瘤近幾年在我國的十大死因中占第一位，因此罹患癌症，有如宣告瀕死一般，關於癌症的治療也不斷地持續被研究，目前，臨床上主要是採用手術治療、化學治療或放射線治療。癌症患者，除了癌症本身使其面臨死亡的威脅，此外，癌病的治療過程，使其由原本自主獨立的個體，被迫去依賴藥物、醫護人員，也逐漸與外界疏離（alienation），這些轉變使人產生許多情緒的壓力，出現憤怒、無助、憂鬱等情緒（Spiegel & Glafkides, 1983; Stuber, Sullivan, Kennon, & Nobler, 1988）。其中，接受放射線治療的病人，對治療有較多的不了解，其可能是因為病人較不去找醫師詢問，而較少得到需要的訊息（Burish, & Lyles, 1983）。

　　Yalom（1977）發現，在團體中，癌末病人可以經由彼此協助，而走出自我沈溺（morbid self-absorption）而發現自己能夠與人分享或是能教導別人，具有存在的價值。Spiegel D.（1983）對已往出現轉移的乳癌患者團體進行研究，將患者分配至實驗組與控制組，結果經過團體治療（group support）的病人，比控制組較少情緒困擾（mood disturbance），也較少使用不良的適應機轉，也較不害怕。Ferlic（1979）指出團體諮商可以改善癌症病人對事務的看法與其自我概念，Cain（1986）等人也指出對癌症病患之團體治療的好處，美國癌症協會（American Cancer Society）也提供一些協助鼓勵癌症照護者在社區中，提供8次關於「我能適應」（I can cope）的半結構式團體。

　　因此本文針對接受放射線治療的癌患及家屬，給予支持性團體治療，在此團體進展過程中，找出並分析此類病人與家屬所關心的主要議題。

## 一、團體活動

　　本活動於在台北某醫學中心放射治療科內進行，邀請該院接受放射線治療的門診或住院病患參與。團體帶領者為精神科醫師、護理師、社會工作師，進行每週2次，共計8次，每次的支持性團體治療為60分鐘，每次團體的議題，均由病患及家屬即席產生，每次參與團體治療之主要成員為，治療者2至3位，病患及家屬3至7位。參與成員，包括病人7位，家屬4位，7位病人之診斷為子宮頸癌3位，腦瘤3位，膀胱癌1位。此7位病人均為住院病人，來放射科接受放射線治療，且確知自己的診斷，其中有3位病患已先接受手術治療，目前接受放射治療，有2位病患目前接受放射線治療，之後再以手術治療，另有2位僅接受放射線治療，所有的7位病人，均未接受精神科的藥物治療或個別心理治療，7位癌患均有醫療保險，其年齡分布為15～58歲，平均為37.5歲，教育程度為國小至大學不等，平均受教育年限為10.8年。

## 二、癌患團體及家屬關注之議題

　　分析8次團體過程的紀錄後，發現其議題內容可歸納為兩大類：一為與個人身體狀況有關者，包括：(1)身體不適感；(2)疾病診治的疑慮。二為與外界狀況有關者，包括：(1)疾病對家庭的影響；(2)對生命觀點的變化。

### ㈠ 與個人身體狀態相關之議題

### 1. 身體不適感

　　主要是受放射線治療的影響而產生身體上的不舒適，包括白血

球的降低（或升高），腸胃道的問題（如便秘或腹瀉），皮膚毛髮的變化（如照射部位皮膚顏色變黑，脫皮或毛髮脫落），以及其他如耳鳴，失眠。關於這些不適感，除了在團體提出外，成員們會主動尋求解決的方法。

在8次團體中，都會出現這些身體變化的憂鬱或擔心，尤其在放射線科醫師參與時，這類問題均會被提出來。

病人對身體的憂慮，會期望由放射科醫師來解答其困擾，如在第一次團體中，病人就建議邀請放射科醫師，但在第二次團體中因未協調好，成員們由其他病人提供的經驗，舒緩自己的憂慮。這次團體的當天，A先生的白血球由九千多降為四千多，面帶愁苦的提到擔心白血球降低影響治療的進展，A太太直接表示不知道該怎麼辦好，帶領者請有此經驗的B先生表達意見，B先生提到，他最低時才二千七百多，醫生也沒有寫不用照，只是問他有沒有不舒服，他沒說什麼不舒服，就去照了。A太太在後來就提到，聽B先生說白血球曾降到二千七百多，那她先生的四千多還好，讓她心安一些。

此外，病人會提出該如何自我照顧的問題，尤其在飲食方面，詢問病友如何準備食物（如鱈魚較不腥，鱸魚較腥等）。在團體活動中，彼此交換訊息。

### 2. 疾病診治過程的疑慮

主要是患者在團體中，提出自己對診治過程的疑問，包括癌症的成因、治療的種類與選擇、效果、時間及經濟考慮及未來適應等。有些疑慮是無法得到解釋，但團體提供一個抒發的機會。

關於得病原因，有位腦瘤病患C，提到自己家人也有此病，是

否與遺傳有關。膀胱癌患者A提到：「這個腦瘤很奇怪，像是膀胱或腎臟，說是不乾淨得了腫瘤，但是這個腦子很乾淨的地方，怎麼會長瘤呢？」另一位子宮頸癌患者F也說及：「我都會做好事，很勤勞做很多事，為何會得這種病？」

關於治療的種類與選擇效果，由於某些病人是先做放射線治療，再接受手術，某些病人是手術後，再接受放射線治療，他們會彼此交換個人情況，也會表示擔心治療過程結束後癌細胞又再生，或是擔心未來手術的過程，如植皮的情形，或腦部手術後，自己是否成為植物人等。

G太太提到：「我聽人家說，開刀會比較快，所以做了放射線的治療又說會有很多副作用產生，所以我就很擔心，不知怎麼辦？又聽人家說要吃清淡的，不要吃太好，免得把癌細胞養大了。」

## ㈡在經濟及未來生活適應相關之議題

### 1. 疾病對家庭的影響

此部分，為家人在癌患診治過程中擔負起的角色，包括家人的支持與鼓勵，家人與癌患之間的互動，家人的需要等。

三位子宮頸癌的癌患，均提到在決定接受治療的過程，受到子女或媳婦的鼓勵。E太太在得知癌症，一度不想治療，但女兒勸她與醫師配合；F太太在一次手術後，拒絕再行手術治療，但也是女兒勸導才接受的；G太太，家住南部鄉下，也是兒女、媳婦堅持下，才北上來看病；A先生在得知自己白血球降低至四千時，打電話告訴台中家裡的太太，太太立即知道先生的需要，趕去陪他，A先生的子女，因為父親生病，也變得比較獨立會照顧自己，A太太提到：「……醫生醫病，我們就要醫人，有時候一邊洗衣服，也會

突然掉眼淚，我在這裡，天天可以看得見就很放心，那我先生也不會孤單。」A太太的主訴中，顯現出，不只是病患需要家人的照顧，家人有時也需要在旁照顧。

有些癌患者能在團體中，討論彼此的憂慮不舒適，但卻不對家人表達個人的感受。如B先生腦瘤，每次打電話回家，都說自己很好，不敢跟家人講自己擔心耳鳴的副作用，看書半小時就頭暈，擔心將來的復發等；怕家人擔心，對女朋友則較能表達自己的狀況，卻又擔心自己誤了女友將來的幸福。自稱是「半張長期飯票」，這些憂慮都在團體中自然的提出來，他詢問一位年長的女性：「如果你有女兒，是否允許她與一位腦瘤病人交往？」這位年長女性回答：「你是位好青年，如果是我女兒，我會讓她自己決定。」經過短暫的沉默，繼續說：「其實我真的有個女兒，我最近也會為她交男朋友的事煩心，你的問題，也真的可以讓我想想這件事。」團體中，成員的性別年齡不同，正展現出一個家庭的樣貌，而直接使家庭經驗再現，彼此生活經驗的相互映照，使成員可以清明地觀照自己的處境。

## 2. 對生命觀點的變化

此種人生觀的變化，來自得知罹患癌症，及參與此團體治療。在第二次團體治療時，B先生提到：「我覺得生病了，反而有更多時間讓我好好地想，讓我能利用這段日子，將以前沒想到的事，好好地思考一下。」「住院讓我想通很多事，也領悟一些人生的道理。」D先生說：「我是個較沉默的人，很少說話，但是自從得這個病入院後，認識很多新朋友，因此可說是因禍得福……。」C小弟在第四次團體中提到：「每次來參加（團體），回去後，心理都

會覺得很舒服，大家都很坦誠地說出內心的感受，而且我也感受到原來不只是我有這樣的困擾，大家都有一樣的問題和擔心的事，所以我覺得不孤單。」之後B先生提到自己與C小弟有同感：「不會再有孤單而心情會較開朗。」

G太太在第五次團體中提到：「我這樣聽一聽大家講，心理就比較安心，不然我以前照鏡子，就難過想哭。我現在也覺得反正命中注定，不必多想。」

A先生在第七次團體中，（他是團體中唯一的高階軍官）提到，這個會議讓人不那麼孤獨，不只在心裡上得到支持，也得到知識，「我也感覺到這個會議的宗旨是，對生命的價值很重視，這種重視，不是因為人的身分地位而有選擇的重視……。」接著他又分析，自己情緒會隨著身體的變化而改變。

## 三、團體議題的形成與流動

團體進展的過程中，成員主動選擇談話的對象與主題，例如，當放射科醫師在場時，團體成員會提出各種與個人身體變化有關的問題等，當放射科醫師不在場則暢談患病的感受。

在癌症診斷與病情的告知方面，參與此團體的癌症患者均已由專業人員處得到正確的訊息，是在一種開放的察覺狀態（open awareness context），因此團體中，成員可自由自在的提出任何憂慮或自己的處境。但與家屬之間，則未必能夠全然坦誠的彼此互動，如B先生、C小弟、F太太、A先生，都不與家人坦誠的談自己的病。Heinrich的研究也指出，86%的癌患很難與家人或朋友談自己的病。本研究中顯示，在團體進展過程中，癌患會彼此提出這種處境，共同承擔受苦的經驗，使他們對生命的觀點有了變化，提

到：「不再感到孤獨，而心情會開朗些。」或「對生命價值的重視，不是因爲人的身分地位而有選擇性的重視。」。Spiegel的乳癌患者在參加其團體治療之後，也提到：「感覺自己又屬於一個新的支持體系。」（Spiegel, & Glafkides, 1983）

　　本團體互動中的議題，是病人與家屬自然互動中，所提出的問題，加以歸納分析而成。國外也有相同或相異的作法與結果。在作法方面，Ferlic（1979）是以結構性的方式，選定好6次團體諮商的主題，參與病人固定，每次進行的團體包括簡介、專題報告，由工作人員訂定題目及討論，其中只有三分之一的時間於討論。Parsell（1974）對住院及門診病人團體的分析，是以開放式團體進行，每次團體組員不同，但其自然形成的主題卻相類似可歸納成數項，如關於無助感，生與死的問題，家人與朋友對他的態度，化學治療後的副作用及疼痛等。Spiegel D.（1983）對已有轉移的乳癌患者團體35次的過程中，每次團體由病人自己提出問題，其亦可歸納出數個分項，包括：瀕死、醫療、自我心像、家庭處境、情緒狀態、經濟問題、與醫師關係、宗教等。其中他提到病人多數時間是討論他們的醫療，疾病對其家人的影響，尤其當病人情況較惡化時，主要是談醫療的問題。

## 四、癌病團體議題與治療性因素

　　Yalom提到，團體互動能夠促成人的改變，是由於團體具有的治療因素，包括：利他、團體凝聚、普遍、人際學習、指導、宣洩、仿同、家庭重現、自我了解、希望灌注、存在因素。

　　議題討論是團體互動的表相，其深層意涵則是治療性因素的

運作。在癌病團體中，病患及家屬分享著疾病造成的身體不適感，有種「風雨同舟」的感觸，是團體具治療功能的普遍性因素。對生命觀點產生變化，認識到終究無法逃避某些人生的痛苦與死亡，是團體治療中的存在性因素。對於治療過程的疑慮，可以在團體中傾吐，表達自己的感受，是團體治療中的宣洩性因素。普遍、存在、宣洩三個治療性因素，時常呈現在癌病團體中。

此外，病人與家屬之間分享家庭照顧的經驗，化解自己內在的困惑，是在團體對話的家庭經驗再現。當成員之間像家人一樣互動，相互協助、提供訊息，正是由於團體凝聚力所致；經驗交流中的人際間學習，促成自我的了解，甚至產生另一種面對生命的態度。

一位護理人員由觀察癌病團體的互動，談到「今天聽他們談那麼多，覺得很不一樣，很高興跟我們平常看到得很不一樣的，後來大家談那麼多，才知道病人跟病人的家屬都還存有那麼大的希望。他們的希望就是跟家人好好相處，照顧家人，看到家人很好的過著。那種希望不像我們正常人的那種豐功偉業一樣。」

## 結語

本章以非結構式的癌症病患及家屬團體，指出他們在接受治療的過程中面對的問題，包括：治療引起的身體不舒適，對診治的疑慮，對家庭的影響，對生命觀的衝擊。這些議題在團體中自然的形成與流動著，團體成員在每次不預設主題的互動中，分享經驗，訴說辛苦，分擔憂愁，在團體溝通議題的深處，顯出一個具有凝聚力團體，成員們彼此學習相互凝聽，能夠在生病的苦痛中，體察人生的良善。

## 自我評量

1. 指出癌病團體可能會出現的議題。

2. 分析團體議題中的治療性因素。

3. 回顧個人的團體活動經驗，指出其中的治療性因素。

## 參考文獻

Burish, T.G. & Lyles, JN (1983). Coping with the adverse effects of cancer treatments. In Burish, T.G. & Bradley LA (ed.) *Coping with Chronic Disease: Research and Applications*. New York: Academic Press.

Cain, Eileen N., Kohorn, Ernest I., Quinlan, Donald M., Latimer, Kate, & Schwartz, Peter E. (1986). Psychosocial benefits of a cancer support group. *Cancer, 57*(1), 183-189.

Ferlic, Mary, Goldman, Anne, & Kennedy, B. J. (1979). Group counseling in adult patients with advanced cancer. *Cancer, 43*(2), 760-766.

Glaser, Barney G., Strauss, Anselm L., & Strutzel, Elizabeth. (1968). The Discovery of Grounded Theory; Strategies for Qualitative Research. *Nursing Research, 17*(4), 364.

Heinrich, Kathleen T., Robinson, Carol M., & Scales, Mary Ellen. (1998). Support groups: an empowering, experiential strategy. *Nursing Educator, 23*(4), 8-10.

Parsell, S., & Tagliareni, E. M. (1974). Cancer patients help each other. *American Journal of Nursing, 74*(4), 650-651.

Spiegel, D., & Glafkides, M. C. (1983). Effects of group confrontation with death and dying. *Int J Group Psychother, 33*(4), 433-447.

Stuber, M. L., Sullivan, G., Kennon, T. L., & Nobler, H. (1988). Group therapy for chronic medical illness: a multidiagnosis group. *Gen Hosp Psychiatry, 10*(5), 360-366.

Yalom, I. D., & Greaves, C. (1977). Group therapy with the terminally ill. *American Journal of Psychiatry, 134*(4), 396-400.

# 第十八章　照顧 SARS 病人困境的反思

## 學習目標

1. 了解專業人員的照護困境。
2. 明瞭經驗性團體的運作內容。
3. 認識受苦與超越的關聯性。

## 摘　要

　　本章由護理人員的經驗性團體，指出護理人員在照顧 SARS 病人時承受的個人與專業困境，並藉此反思護理專業角色與倫理實踐。在 SARS 期間護理人員面對個人身心與專業倫理的困境，包括照顧的沈重、責任的呼召、兩難的抉擇。依此困境，省察受苦與倫理實踐、召喚與專業發展、互為主體的超越性。

## 關鍵詞

　　SARS、專業倫理困境、呼召、互為主體性、經驗性團體

　　2003年SARS（severe acute respiratory syndrome）疫情突然爆發，迅速地在醫療機構傳播，由於最初不清楚致病機轉，使得原本健康的照顧專業人員被感染，其中有7位醫護人員，因被感染病重而喪生，增添醫護人員感受到工作上的沉重負擔。

　　Nickell（2004）等人的研究發現，醫療專業人員的心理衝擊與其對自身所處的工作職務的看法和其對SARS致死的風險觀點有關。醫療人員執行工作時，最常被提及的困擾是帶面罩造成的工作不便，其他還有與同事或病人的疏離、各種防護措施、工作環境的不確定性、工作量增大以及時間的壓力等，都讓醫療人員的工作增添了許多困難。此外，也擔心自己家人、朋友和同事的健康狀況、是否被隔離或被感染；其他像是覺得因爲在醫院工作而受到歧視、因生活方式受到SARS疫情影響或造成經濟上的損失而感到困擾；另一項，情緒最受到影響也最感到困難的是照顧染煞（SARS）的醫療人員或同事（Hall et al., 2003；Nickell et al., 2004；Maunder et al., 2003）。

　　SARS疫情爆發時，護理人員除了必須照顧SARS病患，作爲感染的控制者，肩負起保護其他病患、家屬、其他工作同事免於感染的守門員角色；她們同時也承擔了被感染的高度風險，可能成爲感染源。因此，SARS期間，一方面醫療人員在外界的眼光看來被視爲是抗煞（SARS）英雄，但另一方面她們卻是感受到外界歧視的眼光（Hall et al., 2003）。SARS使得醫護人員面對許多倫理的困境，Singer等人從多倫多的抗煞經驗中指出相互關係（reciprocity）與照顧的責任（duty to provide care）的倫理議題（Singer et al., 2003）。

　　反思實踐是建構專業倫理的一種方式（蔣欣欣，2006），不

預設每次談論主題的團體對話，讓敘說者眞誠自在地述說自身經歷的故事，產生一種再觀看，或是營造第三者出現的氛圍，產生鏡照（mirror reaction）的反思，從別人身上發現從未被自己注意到的部分，或由他人對自己的反應發現自己新的部分（Foulkes, 1984; Kutter, 2001; Muller, 1996; Pines, 1998）。透過團體對話可以培養人際的敏感度、引發內在意識的流動、牽動個人生活經驗，進而可能推己及人（蔣欣欣、陳美碧、許樹珍，2003），由此主體經驗的分析利於找到倫理實踐的知識。

## 一、經驗性團體

經驗性團體，屬於一種專業人員的成長團體，在團體中促進過去個人生活處境與當下團體互動的交織。本文以參與觀察的方式，邀請具有直接照顧SARS病人經驗的護理人員組成兩個經驗性團體，每個團體各進行4次。一是急診室護理人員組成的經驗性團體，另一是在職進修班護理人員經驗性團體。此團體屬於非結構式，每次團體進行時間爲60～90分鐘，團體主題由團體成員當下的討論中形成，包括：被隔離、住院或工作的心情，面對被排拒的心情與處理方式，面對病人過世的感受，照顧病人的心情，與同事相處的方式等。

## 二、照顧活動遭逢的困境

SARS的高感染機會與致命性，嚴重衝擊第一線面對疾病的健康照顧專業人員。護理人員面對照顧的沉重，責任的呼召，以及兩難的抉擇。

## (一) 照顧的沉重

照顧SARS病人的護理人員，承受沉重的負擔。此沉重負荷的壓力源包括：擔心自己是否感染，自己的家人是否因爲他們而受到感染，面對他人異樣的眼光，無力挽救病人的自責，以及被隔離的害怕與恐慌。

一位護理人員坦承自己照顧病人時的害怕，擔心自己被感染：「我的害怕我不會輕易在工作上面表現，但是回家以後就會胡思亂想，我已經把我所有的儲蓄、遺書都寫好了……。」顯示她在提供照顧的同時，也面對自己的死亡。

同樣的，她們也擔心身邊的親友家人被自己感染，一位護理人員，雖然每天正常上下班，但仍主動拒絕與親友的來往，「……那段時間所有的家人朋友都不准到我家，我以前的一些同事、親戚知道我在這邊上班，要送什麼東西給我吃，只能送到我家管理員那邊……。」

醫療人員除了給自己的壓力之外，還要承受周遭異樣的眼光，一位護士說到：「放假會很想回家，可是媽媽會跟你說，你不可以回來，因爲你一回來鄰居會指指點點的……。」

異樣的眼光，造成對醫療人員的污名化（Scambler, 1998），遭受污名的人會出現保密的策略（Lee, & Craft, 2002）。在這段期間有位護理人員變得不敢告訴別人自己是護士，甚至覺得這個頭銜是一種負擔，「SARS以前，你掛台北『××（醫院）護士』這個名，家人都會覺得與有榮焉啊，健康方面的問題都會問你；可是當SARS之後，這個名對我來說，反而是一種負擔。」

此外，當面對病患的死亡時，護理人員仍是無可避免地受到衝擊，會因爲無法幫助病患而感到痛苦與難過。一位護士的心情是：

「因為病人喘得很厲害，在插管之前我有跟她說：『阿姨，現在要幫你做這個，妳之後呼吸就比較不會那麼難過，很快就好了。』但是，之後她就沒有醒來了。……那時候我哭了很多天，到現在還是都滿難過的。……還有很長一段時間，自己都覺得不想活了。」無力挽救病人生命的自責，使她也想放棄自己的生命。

　　當一直擔心被感染的事實來到眼前，照顧者變身成為被隔離者時，護理人員經驗到害怕、恐慌，一位在某教學醫院工作的在職進修護理人員，提到：「突然被通知的時候。我在想：怎麼辦，我要跟我旁邊的同學說，我等一下回去就要被關起來了嗎？我很害怕我的同學因為害怕而離我很遠。……然後一直心理在想說，我現在到底要怎麼辦？是回家呢還是直接住進來（隔離病房）？雖然常常都說行李備好了，可是總覺得：嗯，我就這樣住進去嗎？……那種很慌的感覺。……那時候有一個很深的感覺，就是覺得：為什麼我要跑到台北這麼遠的地方來工作！突然很想家、很想家……。」

　　經驗性團體提供一個開放的場域，讓護理人員傾吐遭逢的困境。

## ㈡ 責任的呼召

　　SARS期間，護理人員除了面對照顧的沉重，也遭逢責任的呼召，包括受難者的呼求，他人之鏡，以及良知體現。

### 1. 受難者的呼喚

　　當護理人員實際接觸到病患時，親眼看到病患或其家人的痛苦與處境時，雖然自己也是膽戰心驚，但當時病人的世界只能有醫護人員，必須盡量幫助家屬完成她們的心願。

　　由於感染SARS的病人，完全受到隔離，家人都不能靠近，一

位護士提到：「我覺得SARS的病人眞的是只有我們，只有我們可以幫他們做一些心理上面的，或者是各方面的支持。」另一位護士也提到：「妳眞的想care病人，不會因爲他是SARS或是AIDS就討厭他……妳會去換個角度替他們想。」

此時，護士接受病患家人的請求，代替她們完成心願，「那時候他（病患）妹妹打電話來護理站，那種聲音已經哭到啞掉那樣。她就說如果眞有不幸的話，希望我們在他（病患）耳邊唸阿彌陀佛。……她就只是希望我們幫她講一聲阿彌陀佛。我覺得好心酸喔！」她將家屬這項要求，列爲工作交班的重要項目之一。

團體中，成員訴說出病人的處境，跳脫出原有自陷於己的立場。

## 2.他人之鏡

同事的言語及行爲喚起她對責任與價值的思考。

一位護士提出她的困惑：「生命重要還是責任重要？在救病人之前，是不是應該看自己的生命比看責任還重要？」同時，質疑過分保護自己爲前提的照顧，「看到病人在裡面掙扎，然後小姐還在那邊慢慢穿隔離衣。那時候我會覺得怎麼可以做這樣的事情？」「如果病患不是因爲SARS而死，而是被痰哽死，你會不會覺得對不起，會不會自責？」

同事的努力也激起同舟共濟的感受，家屬送大桶礦泉水，當護士苦惱著如何將大桶的水，搬進病人單位，「看到我們chest（胸腔科）醫師，如果要進去（病人床邊）做什麼的話，就會順便把這些東西全部扛進去，會讓我覺得至少不是你自己一個在奮鬥。」

團體對話，引發過去經驗的再現，產生對照顧態度的省察。

## 3. 良知體現

個人經驗與內在自我期許價值，影響其照顧行為。包括自己被隔離的經驗，以及內心的對話。

經驗過被隔離的護理人員觀照自身處境，促使她體知病人的感受，一位護士提到：「經歷過（隔離）再回去工作，妳更能去體會到被隔離是什麼樣的心情。……之後，我們病房比較不會用那種很兇的口氣對待病人，或是把病房鎖起來。」她們可以同理病人那種害怕的心情，都會希望用溝通可以解決問題。

面對親人擔心死亡的逼近，使她對照顧病人產生卻步，但也產生更深一層的自我對話。一位護士提到兒子問她：「媽媽你照顧那種病人妳是不是會死？那我是不是也會死？」聽到兒子這樣的問話，讓她心酸，她很掙扎是否提出不去照顧病人的請求，但是，「在那個時候說出：因為我有兒子……。可是別人也有啊，就是單位有小孩子的醫護人員其實不只自己一個。」

團體中，交流著彼此的照顧心境與歷程，促成深度地思考人我關係。

### ㈢ 兩難的抉擇

護理專業職責是提供病人照顧，但是當照顧他人與照顧親人之間出現衝突時，或是提供真相或給予希望之際，常使得護理人員面臨兩難的抉擇。

作為一個護士，照顧病人是她們的責任；但是，作為家庭成員的一份子，保護家人的安全也是她們迫切的顧慮。他們必須肩負起醫療照顧專業的責任，但同時也必須擔負自己家庭的責任。一位護士描述自己心中的放不下：「護士就是會有使命感，就應該要去

（照顧SARS病患）。可是又會有很多放不下，放不下學業；聽到我爸跟我媽的聲音的時候，我還是會很放不下。我會覺得今天如果我怎麼了，他們怎麼辦？」另一位已婚的護理人員的處境是：「我一直不敢跟家人說我是自願去的，一直到後來我先生知道，他就一直罵我說：爲什麼你要白白去送死！」

提供眞相或給予希望，是另一個兩難的困境，尤其照顧的對象是醫護人員，一位護理人員經歷一種口中說不出的負擔：「有一個胸腔科醫師，也感染SARS……住到我們病房。因爲除了像其他病人，如果問你說他今天有沒有好一點，你可以很有信心跟她說：有！你有好一點喔，你要繼續加油喔！可是當你的（醫師）病人，問你說X光片看起來怎麼樣，你實在很難啓口跟她說：嗯，有好一點。其實並沒有，就是那種你不知道怎麼告訴她，其實並沒有比較好。」

具有凝聚力的團體成員能陳述個人內在的矛盾與掙扎，分享經驗的歷程裡，彼此了解，相互凝聽，認識到內心掙扎是彼此共有的生存處境。

## 三、超越困境的省察

護理人員在SARS期間面對個人身心困境與專業倫理的省察，引發我們需要探究以下三項主題：受苦與專業倫理實踐、召喚與專業發展、互爲主體的超越性（圖18-1）。

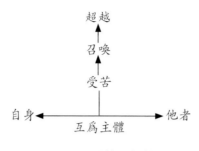

圖18-1　受苦的超越性

## ㈠受苦與專業倫理實踐

　　SARS事件讓護理人員經驗到照顧的沉重，無法逃避地面對他人與自身的恐懼，以及來自組織系統內在或外在、直接或間接的傷害或污名，醫護人員不僅是提供照顧者，也被視為疾病的傳染原（劉仲冬，2003）。雖然受苦是人類共有的經驗，其中蘊含著孤寂與疏離（Younger, 1995），護理人員面對兩難的抉擇，經歷著心中放不下，口中說不出的沉重負擔，但是負面的狀態，讓人意識到自己存在的狀態，省察自己的立場與價值，是開展道德生活的重要轉機；雖然，道德生活不必須是不幸的，但像「不幸」這種負面的狀況卻可以提供道德生活具體的輪廓，一個一帆風順、沒有受過苦的人只是被命運保佑並推著走，並不知道到底有沒有自己掌握住自己的生命（Bohme, 2001）。

　　另一方面，也發現護理人員發展專業自我時，不單需要將自己的苦難整合入生命中，同時也需要將他人（病患、同事、家人等等）的苦難整合進自己的生命之中，這種生命經驗的流動是一種「投身、反身、對話」的歷程（蔣欣欣，2002），透過對於「他」的開放性，對於「你」的尊重理解，產生對於「我」的整理工夫

（蔣欣欣、張碧芬、余玉眉，2001），建立屬己的知識與倫理的知識（Chinn, & Kramer, 2004）。護理人員需要認識自己以及病人如何進入關係中自我詮釋的循環，發展能夠與病人談述其受苦經驗的責任感。需要問到：「我是否知道自己在做什麼？我是否做出我所知的道理？」（蔣欣欣，2002；Chinn, & Kramer, 1999；Glaze, 2001）。因此，談論護理倫理議題時，不宜僅偏重道德判斷，而是需要培養反思實踐這種轉化自己的工夫（蔣欣欣，2002；Glaze, 2001）。

### ㈡召喚與專業發展

　　病人的面容與家屬的處境，召喚出照顧者的行動。學者指出，病人的面容，呼喚出我們對他的無限責任；同時，面對他人的死亡，也是面對自己的死亡，喚醒自身面對自己生命的有限性（Levinas, 1993；Levinas, 1999）。召喚乃是一種深層內在想要去選擇一種個人認為有價值並且實踐自我的志業或專業的渴望，並且感到有責任要去回應這個召喚，召喚不只達到服務他人這種良善的目的，同時也讓護士的專業自我得以發展（Raatikainen, 1997）。當護理人員看到染煞（SARS）病患受苦之時，便感受到這種召喚，覺得自己有責任要照顧她們，覺得這是國家社會需要她們的時刻，她們會感到使命感。這樣的感受使得許多護理人員能夠超越了自身的恐懼，投身照顧染煞病患，對抗SARS疫情的工作中，並且從中學習、得到新的體驗，進一步能夠回頭強化其專業自我。

### ㈢互為主體的超越性

　　護理照顧的場域中，護理人員與病人的互動關係，是彼此的「時間歷程」與「空間位所」所交織的關係場域，也是一個提供

自我超越的場域（汪文聖，2001）。SARS期間，讓護理人員深刻
體認到照顧的沉重與責任的呼召，產生兩難的抉擇。照顧他人是去
回應自己對生命的責任，這種倫理關係是由面對到他人開始，他人
的苦難引發自己省思個人的生死，病人的死亡使護士自責，家屬的
哀求讓護士心酸，護士與病人之間是相互涉入、相互磨合，進而相
融合的兩個生命體，很難截然畫清彼此的界線，是一種互為主體
（intersubjective）的關係（蔣欣欣、余玉眉，2001）；當此關係中
出現兩難的困境時，當下出現的個人情感，可以引發護理人員意
識到自己的處境，學習以清明的第三隻眼睛，真誠用心地審視自
己（Sellman, 2003），或是藉由觀看你我之間第三者（third）的角
色，促成超越自身的可能性（Kernberg, 1997）。此第三者角度的
觀看，可以是自己觀察自身與他人兩個主體，或是自己旁觀他人之
間，透過這種行動反思，產生新的觀點或態度。經過第三者檢視個
人內在經驗，利於理解他人的經驗；體察外在世界，利於重構內在
經驗世界（蔣欣欣等，2001；蔣欣欣，2002），豐富專業自我角色
的內容。

　　此動態的專業自我具有四種型態：保存自己、以己度人、由
人觀己、超越自己，且受到歷史、科技、召喚的影響（蔣欣欣、
陳美碧、蔡欣玲，2003）；不同種類的專業自我，將提供不同類型
的照顧活動（Chiang, Lu, & Wear, 2004）。面對SARS這樣的危機時
刻，我們發現到護理人員的專業自我發展同樣存在這樣的四種型
態，護理人員在過程中感受到外在的歧視眼光，工作中SARS感染
威脅時，容易出現保存自己的狀態；然而她們與其他人接觸互動的
同時，由以己度人、由人觀己的過程中，會引起她們反思自己怎麼
看待自己的專業；最後，在經歷這樣的事件之後，甚至從中獲得

新的力量，是超越苦難。SARS事件，除了造成負面的心理衝擊之外，也能體會團結合作、更懂得珍惜生命與工作等（Nickell et al., 2004）。

## 結語

SARS疫情的爆發，讓護理人員在付出照顧的時候，自己的生命，家人的安全，工作的尊嚴，照顧的能力都受到威脅。在充滿威脅的照顧情境中，護理人員是依著病人的召喚與家屬的呼求，維持責任的呼召，是對專業態度的觀照，是內在經驗與良知的體現。儘管能夠如此回應專業的責任，但是面對照顧的當下，仍是無法免除兩難的抉擇。

經驗性團體的運作，提供護理人員檢視臨床照顧活動的受苦與兩難。由團體對話的內容，了解護理人員由受苦到超越的可能性。因此，經驗性的團體，不僅促成護理人員的反思與自覺，團體互動的內容也建構出專業倫理實踐的知識。

護理人員反思實踐的能力，可以由團體對話中鍛鍊，善用臨床案例討論的對話，觀看他人、想想自己，是值得專業教育繼續努力的方向。

## 自我評量

1. 描述一個自己照顧他人的經驗（人、事、時、地）。

2. 指出上述照顧經驗中的困頓與領悟。

3. 設計一個經驗性團體活動。

## 參考文獻

汪文聖（2001）・醫護倫理之存有論基礎初探──海德格走向優納斯・*哲學雜誌*，37，4-35。

劉仲冬（2003）・當醫院變成傳染窩・*後煞時代風險治理與社會重建論文集*・青輔會主辦，社區大學全國促進會承辦・台北。

蔣欣欣、余玉眉（2001）・護病間的互為主體性・*國立政治大學哲學學報*，7，307-322。

蔣欣欣、張碧芬、余玉眉（2001）・從護理人員角色的創造探討護理倫理的實踐・*哲學雜誌*，37，88-103。

蔣欣欣（2006）・*護理照顧的倫理實踐*・台北：心理，21-38。

蔣欣欣、陳美碧、許樹珍（2003）・小組教學團體的對話與關懷之研究・*應用心理研究*，18，207-225。

蔣欣欣、陳美碧、蔡欣玲（2003）・建構照顧情境中專業自我──自身與他者之間・*本土心理學研究*，19，201-226。

Bohme, G. (2001). *Ethics in context: The art of dealing with serious questions*. Cambridge, UK: Polity.

Chiang, H.H., Lu, Z. Y., & Wear, S. E. (2004). To have or to be: Ways of caregiving discovered during recovery from the earthquake disaster in Taiwan. *Journal of Medical Ethics*. 31, 154-158

Chinn, P. L., & Kramer, M. K. (1999). *Theory and nursing: Integrated knowledge development*. St. Louis, MO: Mosby.

Chinn, P. L., & Kramer, M. K. (2004). *Integrated knowledge development in nursing*. (6 th ed.) St. Louis, MO: Mosby.

Foulkes, S. H. (1984). *Therapeutic group analysis.* London: Maresfield Reprints.

Glaze, J. E. (2001). Reflection as a transforming process: Student advanced nurse practitioners' experiences of developing reflective skills as part of an MSc programme. *Journal of Advanced Nursing, 34*(5), 639-647 .

Hall, L. M., Angus, J., O'Brien-Pallas, L., Peter, E., Wynn, F., & Donner, G. (2003). Media portrayal of nurses' perspectives and concerns in the sars crisis in Toronto. *Journal of Nursing Scholarship,* 35, 211-216.

Kernberg, O. F. (1997). The nature of interpretation: Intersubjectivity and the third position. *American Journal of Psychoanalysis,* 57, 293-312.

Kutter, P. (2001). Direct and indirect mirror phenomena in group supervision. *Group Analysis*, 26, 177-181.

Lee, J. D., & Craft, E. A. (2002). Protecting one's self from a stigmatized disease...once one has it. *Deviant Behavior*, 23, 267-299.

Levinas, E. (1993). *Outside the subject.* London: Athlone.

Levinas, E. (1999). *Alterity and transcendence.* New York: Columbia University.

Maunder, R., Hunter, J., Vincent, L., Bennett, J., Peladeau, N., Leszcz, M., et al. (2003). The immediate psychological and occupational impact of the 2003 SARS outbreak in a teaching hospital. *Canadian Medical As-*

*sociation Journal, 168*(10), 1245-1251.

Muller, J. P. (1996). The ego and mirroring in the dyad. In J. P. Muller (Ed.), *Beyond the Psychoanalytic Dyad*, (pp.119-133). New York: Routledge.

Nickell, L. A., Crighton, E. J., Tracy, C. S., Al Enazy, H., Bolaji, Y., Hanjrah, S., et al. (2004). Psychosocial effects of SARS on hospital staff: Survey of a large tertiary care institution. *Canadian Medical Association Journal, 170*(5), 793-798.

Pines, M. (1998). Mirroring and child development: Psychodynamic and psychological interpretations. In Circular reflections: *Selected papers on group analysis and psychoanalysis*, (41-58). London: Jessica Kingsley.

Raatikainen, R. (1997). Nursing care as a calling. *Journal of Advanced Nursing, 25*, 1111-1115.

Scambler, G. (1998). Stigma and disease: Changing paradigms. *The Lancet, 352*, 1054-1055.

Sellman, D. (2003). Open-mindedness: A virtue for professional practice. *Nursing Philosophy, 4*, 17-24.

Singer, P. A., Benatar, S. R., Bernstein, M., Daar, A. S., Dickens, B. M., MacRace, S. K., et al. (2003). Ethics and SARS: Lessons from Toronto. *British Medical Journal, 327*, 1342-1344.

Younger, J. (1995). The alienation of the sufferer. *Advanced in Nursing Science, 17*, 53-72.

## Part 4

# 附　錄

# 附錄一　組織之團體諮商工作坊介紹

　　中華團體心理治療學會於2005年邀請前任國際團體心理治療學會（IAGP）理事長Christer Sandahl來台北，舉行兩天的組織諮詢團體工作坊。Sandahl教授來自瑞典，他帶領的團體工作方式融合團體分析與組織分析等概念。

　　參與成員包括精神科醫師、護理人員、心理相關學系教師共10人。Sandahl的夫人Patracia也參與團體之中，她是在美國出生，童年時隨家人移居瑞典，以瑞典文寫作的作家，大學主修心理學，協助此團體的英文溝通。

　　第一天上午自我介紹，成員說出自己對團體的期望，Sandahl將其寫在白板上。研習會進行中並未擦去。第二天結束時，再看看白板上所寫自己的期望是否達成。

　　第一天是帶領組織諮商團體，第二天上午回顧前一天的團體經驗，再運作治療性團體，以下分別介紹兩個團體進行的方式與部分的互動內容。

## 一、組織之團體諮商

### ㈠ 方式

　　1.每個人畫下自己心中的圖像，代表自己在工作中的處境。

2.每個人完成之圖畫，貼在白板上，大家來討論。

3.討論的方式，先是每一張圖畫輪流賞讀。畫者先不說話，讓團體其他成員，說出看這幅畫的感覺，包括：「妳／你看到什麼？」（What do you see?）；「妳／你的感受是什麼？」（What do you feel?）；「妳／你的行動是什麼？」（What impulse to act?）

4.請畫者說出自己的想法，涵蓋畫畫當時的想法與所畫出圖像的意涵，以及聽過大家討論之後，而重新思考自己處境的內容。

5.團體最後分享階段，請大家說出今天團體讓你覺得驚訝的（surprises），讓你學習到的（learning），讓你滿意的（satisfactions），讓你不滿意的（dissatisfaction）地方。

## ㈡ 內容摘記

團體過程中一位學員畫出一個上面插滿了箭的靶。

團體討論時，關於「妳／你看到什麼？」有人說出：「target。」（眾矢之的）；有人指出，每根箭長短不一；有人說，這個靶沒有倒下（很穩厚實、又有三根支柱）。

關於「妳／你的感受是什麼？」成員們分別說出自己看這幅圖畫的感受：「感覺被攻擊、很不舒服、生存的掙扎、受到傷害、無處可逃。」（Being attacked, ...Uncomfortable..., Struggling for life..., hurt, no place to escape）

關於「妳／你的行動是什麼？」成員們紛紛提到：「將靶轉一個方向、靶腳裝個輪子、尋找其他的靶、拔下箭……。」

最後，該畫者分享自己經驗時，提到畫作表達自己工作中某

次會議裡的感受，會議中的提議遭到多數成員的反對，覺得自己好像是一個靶，上面插滿了箭，「確實覺得自己好像是一個target。每根箭長短不一，確實代表不一樣的人物。當下是覺得不太舒服，甚至有些訝異同事們的反應；不過，很清楚自己的立場是對的，所以，畫的是三隻腳穩固地支撐著靶。剛剛有位成員說到『Stand and dig in』，這是提醒自己先站穩自己的腳步，深入了解省察這個狀況。」

## 二、治療性的團體

治療前的評估（pre-therapy assessment）。先提出每個人的資源與自己想要改變的地方。這部分以小組（3～4人）方式自行討論。之後，再回到團體分享。當每個人說出自己的目標，主持人就將它們寫在黑板上，這個述說、凝聽、澄清、重寫的對話互動過程中，讓每個述說者對自己的處境由渾沌一片逐漸澄明。由最初的聽不太懂、講不清楚，透過不斷與當事人討論修改，到豁然開朗地確認自己的目標（見表一）。

進行團體討論時，成員會對著Sandahl說話，當他聽清楚說話內容時，回應：「你可以面對他（話語中直接指稱的對象）說。」鼓勵成員彼此對話，而不是對治療者說話。

其中一段深刻的對話，來自某成員（甲醫生）提出：「這個團體對我沒有幫助。」Sandahl聽到後回應：「你希望誰對你有幫助？你可以提出邀請！」此時，甲醫生陷入長考，團體陸續有兩三位成員要主動對甲醫生說話：「你是希望……。」都被Sandahl打住，此時，將近五分鐘的沉默，甲醫生幾次抬起頭望望成員，欲言又止地低下頭。最後他終於對乙醫師說出：「可以請你幫我嗎？」

有趣的是，此時，乙醫師準備開始說話時，卻又被治療者立即打斷，提出中場休息。

似乎，當一個被訓練要服務他人的醫師，能夠呈現自己的軟弱與需求時，就是邁出自己人生路途的一大步；此時，他人的意見已經不重要了，而是聽到內在的聲音，勇於面對內在自我。

此治療團體結束後，Sandahl詢問大家對於今日團體進行的意見或疑問。有位成員詢問他，上述情境中，打斷成員們發言的原因。他提到，希望當事人自己學會提出需要幫助，當時他自己也沒有把握甲醫生能不能做到，所以當聽到甲醫師提出自己的需要時，他當下鬆了一口氣。最後甲醫師提到：「那一段沉默對我很重要，我需要時間整理自己，感謝大家給我一個空間，我真的需要一個自己的空間。」

## 結語

這個兩天團體工作坊，第一天是以組織諮詢團體的方式，第二天是以治療性團體的方式，其安排的方式是一種由群體空間到個人空間的團體進展。這樣的方式，一方面可以了解團體成員的成長工作情境；另一方面也容易建立團體的凝聚力，不至於出現因為太快進入個人經驗而產生的防衛；同時，一些組織中的議題，可以在第二天的團體繼續補強。如果，採用相反的方式，第一天先進入個人空間，可能此團體的效果就比較不理想。

語言是傳遞人類文化資產的一種工具，了解共同的語言促進彼此的溝通與成長，團體的帶領者，透過語言、圖像、個人內在經驗的投射，促成人際間的彼此交流與成長。

表一　2005年治療性團體中的個人目標（Personal Goals）

| 十位團體成員各自的目標 |
| --- |

To increase my tolerance for differences without losing my ability and resources to assurance.

To use my independence, competence of intellect to set support.

To use my energy and motivation to slow down and protect my self and my family.

To increase my ability not to act in order to use my full capacity for multi-tasking and to take responsibility.

To use my capacities to see the overall view and goal in order to stay part and not to run away.

To use my autonomy and my resilience in order to avoid being trapped in other's expectation.

To use my strength, stability and resilience in order not to take criticism personally.

To sue my self awareness and social competence in order not to reduce myself in the presence of authoritarian persons.

To use my curiosity and flexibility in order to involve myself more whenever I sense conflict or vagueness.

To use my vitality in order not to run away when I am frustrated.

# 附錄二　團體治療倫理指引譯文

(簡易版)（Brief Ethical Guidelines for Group Psychotherapy）

　　關於團體心理治療師的倫理規範簡易版，是摘錄自國際團體心理治療學會於2009年完成完整版（Code of Ethics and professional standards for Group Psychotherapy of the International Association for Group Psychotherapy and Group Processes）的各項主要原則。

1. 時時盡最大的努力，不去傷害你的病人。

   At all times strive to do no harm to your patients.

2. 你與病人之間的關係，必須保持私人與專業之間完好無缺的界限。維持合宜的費用，禁止與病患發生性關係。

   Keep your personal and professional boundaries intact in all your relations with your patients. Restrict financial arrangements with patients to payment for services. Sexual relations with patients are never appropriate.

3. 接受你的臨床技術是有極限的，將超過你能力所及的病患，轉給其他的專家處理。

   Be open about the limits of your clinical skills and refer patients for treatment in areas outside your ability to treat.

4. 以尊重的態度與同事溝通，特別在彼此意見相左時。

   Show respect in all communication with your colleagues, especially when their opinion differs from yours.

5. 必須花時間與同事建立關係，特別是那些與你合作的治療師，或者是與你有密切合作者，讓你的病患獲得更好的服務。

Take the necessary time to develop relationships with those colleagues who are your co-therapists or with whom you must collaborate closely in order to better serve your patients.

6. 持續從你的患者以及同事身上學習，永遠記得在你面前的任務是複雜的。

Continue to study and learn from your patients and your colleagues, always remembering the complexity of the task before you.

7. 總是保護你與病患交流的機密性。除非病患有傷害自我的傾向或是被特別點名的特殊案例。

Always guard the confidentiality of your communication with your patients, except in extraordinary cases when the patient threatens to harm him or her self or a person designated by name.

8. 尊重你的病患之間的歧異，他們的世界觀與你大不相同。

Respect the diversity and otherness of your patients. Their world view may differ greatly from your own.

9. 意識到身為治療者的你，對於國際社會的義務。當有可能時，運用你的技術，促進相互理解、消弭衝突。

Be aware of your obligation as a healer to the larger international community and use your skills to promote understanding and conflict resolution whenever possible.

10. 對於身為團體心理治療師的特殊角色，保持謙遜的態度。絕不低估你對病患的影響力，絕不誇大你能幫助他們什麼。

Be modest in realizing what you can achieve in your special role as group psychotherapist. Never underestimate your power in the lives of your patients and never exaggerate what you can do to help them.

11. 盡可能努力照料，有特殊需求或是身體障礙之病患。

Make an effort to treat patients with special needs and physical handicaps whenever possible.

12. Adhere to the values of honesty and the principles expressed in the Declaration of Human Rights of the United Nations.

遵守誠實的價值，以及〈聯合國世界人權宣言〉揭露的原則。

13. Obtain informed consent when initiating scientific investigations with your patients as subjects.

當開始進行以你的病患為受試者的科學調查時，必須獲得患者的知情同意。

14. Strive to be happy and joyful in your work. You work in a field that is like no other in its large responsibilities and its deep satisfactions.

努力讓自己在工作時是快樂與喜悅的。你在這樣的工作可以感受到無人可及的重大責任，以及深度的滿足。

詳細資料可在下列網址取得：

The latest complete version of IAGP's Ethical Guidelines, including contact details for the ethics chair, can be found at: http://www.iagp.com/about/ethicalguidelines.htm.

（汪宛靚、蔣欣欣　譯）

# 附錄三 出席美國團體心理治療國際會議心得

## 一、會議簡介

　　一年一度由美國團體心理治療學會主辦的第63屆團體心理治療會議（Annual Meeting of the American Group Psychotherapy Association），於2006年2月20日至25日在舊金山舉行，此會議主題是「Bridging the differences: healing a house divided」，參與者除了美國當地對團體治療有興趣的專業人員，醫師、護士、心理師、社工人員，還有來自世界各地的專業人員，包括英國、瑞士、瑞典、奧地利、澳洲、挪威、冰島、日本、新加坡、泰國、台灣等國，共有969人參加，台灣地區共有4人參加，3位精神科醫師（張宏俊、徐立仁、宋卓琦），1位護理人員（本人）。本人擔任一場專題討論的講者（panelist)，題目是「Role strain of nurses in caring for SARS survivors」。

　　會議開始前，大會安排各種形式，為期兩天或一天的工作坊。之後，有3天正式會議，由早上7點15分開始，到下午6點，晚上也安排公開演講、晚會等活動；會議期間包括各種樣態的大小團體、公開演講、研究報告等。為維護會議品質，大會在每場會議都額外安排觀察員，巡視各場地，或是固定在一個場地。

　　由於大會提供的活動內容非常豐富，為避免某些場地過於擁

擠,在事前報名時,參與者可以依個人興趣挑選自己想要加入的會議或是團體。之後,大會依大家參與的情形,列出屬於參與者個人的行程表。早些報名,大多數的行程可以依照自己的選擇;若晚些,則大會事前告知某些團體人數額滿,必須請你另做選擇。

會議前,主辦單位除了徵詢主講者對於討論空間、座椅排置方式、使用教具的意見,還希望主講者列出時間安排的大綱,促進與會者討論的措施。在一個小時的專題討論時間,本人安排20分鐘的論文報告,30分鐘的討論(事前設計兩個問題),最後10分鐘評值(由觀察員、主講者、出席者填寫)。大會對每位參與報告者給予印製有Faculty字樣的名牌,註冊費的優惠,並報告當天舉辦早餐會報,邀請當天的Faculty,同時提醒會議的注意事項。

會議開幕的專題演講,邀請加州洛杉磯大學的精神醫學副教授Daniel Seigel公開演講,他指出精神醫學的發展有各種學說與理論,像是瞎子摸象,都不是真實。真實需要各種理論,包括生物醫學、人類學、心理學、社會學等學科的統合,他強調mind-brain-interpersonal relatioinship,提醒心理衛生專業人員繼續教育的訓練,避免過於重視精神疾病,而忽略心理健康的部分;他演講的方式也與眾不同,其中一部分,還邀請與會者即席組成合唱團‧他指揮出不同的歌聲,讓我們體驗到人際間唯有相互傾聽、配合,才能唱出優美的曲調。

## 二、會議心得

會議前兩天參加賓州費城的System-Centered Training and Research Institute以系統中心技術（System-centered training, SCT）

的團體心理治撩，是由其創辦人Yvonne Agazarian主持，她重視促進具有功能的次團體，鼓勵成員區分與整合差異性而不是僵化或是責怪他們。參加團體的人數限制在30人，當天現場早已額滿，張宏俊醫師與本人都在會議前就完成報名手續，所以順利加入此團體。

　　兩天的活動，上了年紀的Agazarian卻依然神采奕奕，最後成員問她祕訣，她答到：「centering.」也說到太極是訓練的方法，強調注意身體給自己的訊息，覺察到情緒，而不是停留在思考層次：認為人時常局限於自己的角色，而失去真實的自我，centering就是讓人找回自我，在系統中的自我：不局限在對過去或未來的解釋，進一步對當下的探索。團體中她時常提醒我們注意自己身體當下的感覺，當成員在團體中開口說話時，她非常注意說話者的用字，當成員習慣用「it」作主詞時，她立即提醒其改為「I」，因為「it」將所談的內容加以客體化（objectified），而不是主體經驗，她非常重視每個人的主體經驗，由發現自己而療癒自己。團體中有位成員習慣說話時，用的語法是「yes, ...but...」，也不斷的被她糾正，指出這是一種模稜兩可的說法，無法傳達真正的自己。團體中她時常糾正或是引導發問，有幾位成員對她的糾正行為，非常憤怒，直接指出她太威權，不接受她的更正，她還是面帶笑容的不放棄繼續提醒。當時爭執的場面，一來一往之間成員們面紅耳赤，她依然和顏悅色，大概維持5分鐘，後來，說話者只好接受其建議的方式表達。最後團體結束時，前面那位曾經憤怒的成員感謝Agazarian當時對表達方式的堅持，同時沒有放棄她。

　　一個團體的領導者，如何能接受成員的挑戰依然面不改色，繼續維持她的功能。她的祕訣是，她認為，人對外界的憤怒是自己對自己憤怒的展現。團體處理的過程是由焦慮（逃走），緊張（戰

鬥、仇恨），挫折（親密），憤怒（工作）的漸進方式；重視每個人有責任創造解放自己的團體情境，因此，她要求每個人說完自己的處境時，都要加一句：「anybody else?」以便引發更多感受的分享與自我的清明紓放。

由於本人近年來開始以團體互動的方式處理夢境，因此，特別挑選兩個處理夢的團體，一個是Social dream matrix，另一個是Enriching emotional experience through group work with dream。

Social dream matrix是連續兩天，共有四個時段的經驗性團體，每個時段，都有45分鐘的自由聯想，及30分鐘的對話。兩天自由聯想的方式大致相似，但內容稍有不同；主要都是在降低聲光刺激的情境，讓每個人閉上眼睛，放鬆自己，進入冥想或是夢境，說出當時自己的夢境，同時也可以聽到他人的夢；不同的是，第一天結束時，主持人會提醒大家記住第二天自己清晨的夢，於自由聯想中提出來。由於，本人當天中午需要擔任主講者，正煩惱著何時可以離開此團體，以及如何將借來的手提電腦裝上大會提供的液晶銀幕，心神不寧的狀態下，雖然，坐在燈光昏暗中，閉上雙眼，提醒自己調節呼吸，聽著他人一個個的夢境出現，真是不解，心想，「大白天，坐著，這些人怎麼就有夢了？」同時，也問自己，「我怎麼如此不安靜（心靈）。」忽然，聽到一個人的夢語是：「找一條出路！」（Find a way out!）自己好似身體也放鬆了，也進入夢鄉，突然夢醒，卻只記得人物，卻不記得內容。這是個有趣的經驗，原來團體中每個人閉著眼睛，分享自己的夢，也會透過自由聯想，產生一些理解。此種夢的團體是由Lawrence G.所創立，是一種社會夢（social dream），不是治療性的夢（therapeutic dream）；重在夢的內容，而不是夢主人（dreamer）；關心的是社會層次，不是

個人層次；強調社會導向，非個人導向；著眼未來，不是過去；面對生活的悲情（Facing life as a tragedy），不是將個人生命史的戲劇化（Dramatising the personal biography）。

Enriching emotional experience through group work with dream是3小時的經驗性團體，由在加州Santa Monica開業的Karen Shore主持，她是依據Ullman的理論所進行的團體，Ullman當年90歲，仍在紐約的家中定期舉行工作坊。本人在陽明大學與林一眞老師合開夢的賞讀課程即是採用此方式，此次不必擔任主持人，可以再次經驗賞夢團體，享受賞夢的過程，體會新的經驗與想法。她透過團體成員對夢的投射，處理成員自己與過去生活經驗的聯想。會後，許多成員希望能繼續參加，不過主持人說此種賞夢的方式，在美國西岸不多。

兩種不同的賞夢團體，各有特色，是可以應用於不同的情境。後者，一定要有夢主人，提供團體成員賞夢的素材。前者，則不需要，可以由團體當下自由聯想形成素材。

關於本人發表的論文，負責此專題討論的團體觀察員Kant指出，本論文中指出的專業自我確實是遇到危難，專業人員必先求自保，然後才透過鏡照自我，達到自我超越的處境；但是，他問道，這三種自我狀態是否存在一種層次關係。也有成員詢問如何解釋自我與他者之間互動的關係；如何以陰陽的觀念說明照顧者與被照顧者的關係。一位擔任社會工作的人員，指這篇報告，對從事助人專業是非常好的提醒，雖然訴說的對象是護理人員，對他也非常受用。不過也有成員提到，SARS這個名詞對美國人來說，如同剛發現AIDS疾病的態度一樣，不想面對，或是認爲那與自身無關，大家很不願意接觸；不過，也有成員指出，目前Bird Flu的危機已

侵犯至歐洲，是該考慮這個疾病對專業的影響，以及專業的因應態度。由於報告時指出SARS期間，政策的執行、宗教界的參與、社會大眾的支持，是幫助護理人員參與照顧的重要動力；與會者也分享到，在紐奧良颱風侵襲的情況下，由於政策的問題，許多警察都辭職。最近美國報紙也指出，當地許多警察現在找不到工作，因為當時的混亂，造成許多居民的遷移，已經不需要那麼多警察。

## 三、結語

美國團體心理治療會議，雖然，每年在美國不同地點輪流舉辦，但是不影響其深度與廣度的發展。吸引世界各地的人參與，本人上次參加此會議時，也是在舊金山舉行，是10年前的往事，不過，當時有位團體主持人，讓人印象深刻，他以螺旋形方式排列座椅位置，有意擾亂一池清水，讓大家很不安；這次，他已經在哈佛大學任教，帶領團體的方式與以前不同，他加上詩詞的使用，透過詩句精簡的語詞，引導大家投射自己的情感；同時，在每個小節結束前，加上10分鐘自我靜默（self-study）。他帶領方式的轉變，意味著團體中不只是參與者身上帶有歲月痕跡，也看出主持人也不懈怠地努力提升自己的能力。對自己的提升，也是實踐個人對社會的責任。SCT工作坊主持人Yvonne Agazarian是高齡女士，聽說前兩年她才動過大手術，當團體成員彼此討論到不滿意布希政府當前一些執政措施時，她也加入自己的想法：「對這個社會，我能改變的，就是繼續教學，繼續帶團體……。」

國家圖書館出版品預行編目資料

團體心理治療／蔣欣欣著. ――初版.――臺
北市：五南，2013.09
　面；　公分
ISBN 978-957-11-7301-6（平裝）
1.心理治療
178.8　　　　　　　　　102016935

5J52

# 團體心理治療

作　　者 ― 蔣欣欣（511.1）

發 行 人 ― 楊榮川

總 編 輯 ― 王翠華

主　　編 ― 王俐文

責任編輯 ― 金明芬

出 版 者 ― 五南圖書出版股份有限公司

地　　址：106臺北市大安區和平東路二段339號4樓

電　　話：(02)2705-5066　　傳　　真：(02)2706-6100

網　　址：http://www.wunan.com.tw

電子郵件：wunan@wunan.com.tw

劃撥帳號：01068953

戶　　名：五南圖書出版股份有限公司

臺中市駐區辦公室/臺中市中區中山路6號

電　　話：(04)2223-0891　　傳　　真：(04)2223-3549

高雄市駐區辦公室/高雄市新興區中山一路290號

電　　話：(07)2358-702　　傳　　真：(07)2350-236

法律顧問：林勝安律師事務所　林勝安律師

出版日期：2013年9月初版一刷

定　　價：新臺幣380元